Obiora Ike

Wende dein Gesicht der Sonne zu!

Obiora Ike

Wende dein Gesicht der Sonne zu!

Unter Mitarbeit von
Martin Lohmann

PATTLOCH

Bibliografische Information: Deutsche Nationalbibliothek
Die Deutsche Nationalbibliothek verzeichnet diese Publikation in der Deutschen Nationalbibliografie; detaillierte bibliografische Daten sind im Internet über http://dnb.ddb.de abrufbar.

Umschlaggestaltung: ZERO Werbeagentur, München
Lektorat: Bernhard Meuser
Satz und Herstellung: Hartmut Czauderna
Druck und Bindung: GGP Media GmbH, Pößneck
Printed in Germany

ISBN 978-3-629-02157-1

www.pattloch.de

2 4 5 3 1

»Wir sind ein armes Land,
was das Geld angeht,
aber wir sind ein reiches Land,
was die Freude betrifft.
Bei uns sind die Leute selbst dann noch fröhlich,
wenn sie ihre niedergebrannten Hütten
wieder aufbauen; sie singen dabei.
In den Familien fehlt es manchmal am Nötigsten,
aber es ist Liebe da für die Kinder
und die Alten und ganz viel Wärme.
Wir sind nicht so produktiv wie ihr,
aber wir haben endlos Zeit füreinander.
Es ist nicht alles Gold, was glänzt;
es ist Krieg und täglich passieren Morde,
aber für ›Selbstmord‹ haben wir
nicht einmal ein Wort in unserer Sprache.
Es ist unvorstellbar,
dass einer so alleingelassen würde,
dass er auf solche Gedanken kommt.«

OBIORA IKE

Inhalt

Einleitung

Vor Ihnen liegt das Buch eines Afrikaners, der einer verrückten Aufforderung nachgekommen ist, ein Buch über Deutschland zu schreiben. Das Buch handelt also von Ihnen. Ziemlich frech, oder? Ja, ich erzähle Ihnen einmal etwas über Sie. Na gut, ein bisschen erzähle ich auch über mich – das hängt ja zusammen. Sie wissen alles über sich selbst? Dann brauchen Sie dieses Buch nicht. Bringen Sie es dorthin zurück, wo Sie es gekauft haben.

Wir Afrikaner sind brennend daran interessiert, was andere über uns denken. Wir brauchen immer Beziehungen, *gute* Beziehungen, Beziehungen des Herzens. Manchmal, das gebe ich gerne zu, sind wir zu wenig sachlich. Das kommt daher, dass wir erst wissen wollen, ob das *Persönliche* stimmt. Wir prüfen ständig, ob wir noch zusammengehören, ob dieses Feeling noch da ist, das uns sagt: Wir gehören zusammen. Wir sind aus einer Familie. Wir gehören zum selben Stamm. Wir sind Menschen. He, *Menschen!* Wir sind doch Menschen, keine Roboter.

Was bildet der Mann sich überhaupt ein, werden Sie fragen. Wieso schreibt der ein Buch über uns? Was hat uns dieser Bursche aus Igboland in Nigeria überhaupt zu sagen? Igbo? Ich wette, Sie wissen nicht, was das ist. Macht nichts. Sie werden es schon bald wissen. Ich schließe Ihnen diese Lücke mit Freuden. Die Igbos sind eine der drei großen Stammesgruppen meines Landes. Heute lebe ich in Enugu. Schauen Sie einmal, ob Sie diese Stadt in Ihrem Schulatlas überhaupt finden. Sie ist groß, richtig groß geworden in den vergangenen Jahrzehnten. Und sie liegt – wie Rom – auf sieben Hügeln. Bei Ihnen ist Enugu vielleicht ein roter Punkt in Nigeria.

Wenn Sie dort wären, würden Sie sehen: Es ist eine Riesenstadt mit viel Lärm, mit gigantischen sozialen Problemen, übrigens auch mit ganz vielen Kindern und jungen Menschen. Hier lebe ich, arbeite ich, lache ich, esse ich, weine ich, liebe ich, kämpfe ich. Und trotzdem ist die Welt größer. Lange habe ich unter einer anderen Sonne gewohnt, so lange, dass meine Familie mich beinahe nicht wiedererkannt hätte: »Obiora, du bist ein Deutscher geworden …« Na, ja.

Schauen Sie, ich interessiere mich brennend für Ihr Land. Weiter unten werde ich Ihnen erklären, warum ich Deutschland meine zweite Heimat nenne. Mein Lebensmittelpunkt ist zwar seit vielen Jahren Enugu, aber das ist nicht hinter dem Mond. Manchmal schicken mir meine

Freunde deutsche Zeitungen. Ich nutze den Computer und das Internet (oh ja, ich besitze sogar einen nagelneuen »Dell«, den mir Freunde aus Amerika in ein Weihnachtspäckchen steckten) und schau mir täglich an, was bei Ihnen geschieht. Ich lese das, wie Sie es lesen, wenn Sie morgens Ihr Brötchen und Ihren duftenden Kaffee zu sich nehmen: »Schwarzafrikaner am Prenzlauer Berg zusammengeschlagen«, »Neonazis verprügeln Afrikaner«, »Drei Afrikaner in Klagenfurt nach Discobesuch zusammengeschlagen«. Darf ich Ihnen sagen, dass mir das einen Stich in mein Herz gibt?

Keine Angst, ich will Sie nicht anklagen. Bei uns in Nigeria ist es wie überall, hier leben gute und ganz indiskutable Zeitgenossen, die ihre Konflikte oft genug mit brutaler Gewalt austragen. Aber es kann doch nicht sein, dass im Land von Luther und Goethe, im Land von Kant, Hegel und Heidegger – ich setze noch mal an: … dass in diesem mit Fett und Mark gesegneten Land, in dem seit 60 Jahren keiner mehr hungern und dürsten musste, ein armer, kleiner Mann zusammengeschlagen wird, weil er die falsche Hautfarbe trägt!

Ich will Ihnen keine Lektion erteilen oder Ihnen den Kopf waschen. Mir geht es nur um gute Beziehungen, um dieses Feeling: Wir sind doch Menschen! Wir gehören doch zusammen! Wenn die Nigerianer nur in Nigeria bleiben und sich nicht weltweit vernetzen, werden grausige Dinge in diesem vergessenen Land geschehen. Und wenn die Deutschen nur den Kopf in ihren deutschen

Sand stecken, werden sie wenig Zukunft haben. Gute Gründe also, Freundschaften über Nationen und Kontinente hinweg zu pflegen!

Wir gehören doch zusammen

Wir können eines Tages
doch nicht ohneeinander
vor den lieben Gott kommen
und sagen: Den und den
haben wir nicht mitgenommen:
Er war bloß ein Kind.
Er war schwarz.
Er war dumm.
Er war arm.

Ja, unsere Welt ist durcheinandergeraten. Wir wissen manchmal nicht mehr, wo oben und unten ist. Die einen gehen daran zugrunde, dass ihr Land der Dürre verfällt; die anderen sterben an dürren Gefühlen, an Mangel an Liebe. Gute Beziehungen sind wichtig. Freundschaft ist wichtig, über Grenzen hinweg. Gute, belastbare Gefühle – daran sollten wir arbeiten!

Trotzdem: Ein Buch über meine Erfahrungen in Deutschland und sonst wo zu schreiben, wäre mir im Traum nicht eingefallen, wenn es dafür nicht zwei gute Gründe gäbe.

Erstens: Ich habe Ihnen unheimlich viel zu verdanken, denn wenn ich irgendwo etwas gelernt habe, dann bei Ihnen in Deutschland. Zweitens: Viele meiner deutschen Freunde haben mich dazu gedrängt: »Obi, du bringst soviel Optimismus und Freude mit, wenn du bei uns bist. Es tut uns gut, wenn du uns Mut machst! Schreib das auf! Irgendwie sind wir in der Sackgasse, wirtschaftlich, seelisch, emotional. Wenn du da bist, steckst du uns an mit deiner Zuversicht, mit deinem breiten und vollen Lachen, mit deiner Freude und mit deinem Herzen. Uns ist die Power ausgegangen. Du schaust uns mit ganz anderen Augen an! Gib dir einen Ruck und schreib uns mal von der Leber weg, was dir so einfällt, wenn du an Deutschland denkst!« Hmm …

Okay, habe ich gesagt, wenn Ihr das wollt, mache ich das. Ich teile gerne. Ich will Ihnen also etwas schenken, ein Stück von meinem Herzen, meinem Glauben und meiner afrikanischen Lebensanschauung! *Wende dein Gesicht der Sonne zu* – das ist meine Einladung. *Wende dein Gesicht der Sonne zu, dann fallen die Schatten hinter dich* – das ist jenes Sprichwort aus meiner afrikanischen Heimat, das ich so sehr liebe! Man kennt es auch in Deutschland, Österreich oder der Schweiz. Wahrscheinlich kennt man es auf der ganzen Welt, denn es ist einfach ein genialer Gedanke. Und er ist durch und durch afrikanisch.

Keinem Afrikaner würde es einfallen, sich permanent mit seinem eigenen Schatten zu befassen. Die Schattenwelt ist das Dunkle; manche meinen sogar, in ihr hausen die bösen Geister. Die Schattenwelt symbolisiert den Tod und die Vergangenheit. Wer sich den Schatten des Gewesenen zuwendet, wird automatisch kritisch. (Ich musste immer lachen, dass Ihr Deutschen sogar eine »kritische Theorie« erfunden habt – typisch!) Weil es wirklich viel Dunkles in der Vergangenheit gibt, das man heute nicht mehr verändern kann, wird man bitter und traurig. Aber dann hat man keine Zukunft, keine Kraft. Wer nur zurückschaut, kommt nicht vorwärts.

Auch ich habe meine Schatten, meine dunklen Punkte, meine Nachtseite. Würde ich mich krampfhaft darauf konzentrieren, ich könnte nicht mehr leben. Manchmal riskiere ich einen kurzen, nüchternen Blick zurück: Okay – das und das ist; ich muss mich ändern! Aber dann hake ich meine Vergangenheit ab. Keine kritische Theorie über Obi! »Lass die Toten ihre Toten begraben!«, sagt Jesus. Recht hat er. Menschen brauchen ihre ganze Kraft für das Leben, für den Vorwärtsgang.

Vorne ist die Sonne! Da ist Leben! Dort werden wir gebraucht! Wenn ich Leute sagen höre: Ich brauche Zeit, um mich selbst zu verwirklichen, würde ich ihnen am liebsten zurufen: He, dreh dich einmal um, da sind Kinder! Selbstverwirklichung – was für ein Unsinn! Verschenk deine Zeit lieber an andere! Nimm jemand in den Arm! Feiere ein Fest mit ihm! Geh mit ihm einen trinken! Wenn du dich vergisst, kommst du bei dir an! Wenn du tanzt, bist du tausendmal mehr bei dir, als wenn du wie ein Mehlsack auf dem Sofa sitzt und denkst und grübelst und in deiner Seele nachfühlst, ob du schon deine Identität gefunden hast. Wer das Leben verliert, wird es gewinnen, und wer es konservieren will, wird es verlieren, sagt Jesus so oder ähnlich. Und das stimmt auch! Frei wirst du nur, wenn du nicht an allem klebst und hängst, was dir sowieso keine Freiheit geben kann. Freiheit gibt es nur von innen, von der Ausrichtung deiner Seele aus. Nur wer befreit ist, kann auch befreien.

Die kleinen Blumen der Weisheit

Aber ich möchte Sie ja gar nicht belehren. Ich möchte Ihnen nur ein paar Dinge *zeigen*, Sie aufmerksam machen für ein paar verachtete Blumen an der Autobahn der globalisierten Welt, an denen der Hightech-Zug gerade vorbeibrettert – Blumen aus Afrika, Blumen der Weisheit. Schauen Sie: Wir haben Ihnen vielleicht nur wenig zu bieten. Unsere Kulturen sind geplündert. Unsere Bodenschätze haben Sie sich längst gesichert. Unsere landschaftlichen Schönheiten sind zu »Destinations« geworden, zu denen wir trommeln und den Affen machen. Aber unsere Weisheit besitzen wir noch. Und die nimmt uns niemand. Aber Sie sollen sie haben, ich teile sie mit Ihnen. Gerne. Haben Sie Lust dazu?

In jedem unserer Völker gibt es tausende von kleinen Worten und Merksätzen, die von Generation zu Generation weitergesagt werden. Sie sind witzig, fröhlich und prallvoll mit Leben. Ein paar dieser Weisheiten möchte ich mit Ihnen teilen – und sie auf unsere unterschiedlichen Wirklichkeiten anwenden. Weisheiten gelten nämlich überall und werden von allen verstanden, die Mensch geblieben sind. Sollte ich Ihnen *meine* Weisheit schenken? Für so klug halte ich mich gar nicht.

Weisheit kommt nicht über Nacht. Weisheit beginnt mit Lernen, aber selbst der Weiseste lernt niemals aus. Weisheit lebt nicht in einem Haus allein. Ich möchte Ihnen dennoch die Herzlichkeit Afrikas und die Weisheit meines Volkes schenken. Die Weisheit meiner Eltern, meiner Vorfahren. Die Weisheit aus ärmlichen Hütten. Die Weisheit strahlender Gesichter. Die Weisheit einer unbesiegbaren Lebensfreude, Freundlichkeit und Unbeschwertheit.

Doch hinter der nächsten Wegbiegung ...

In Nigeria haben wir alle Probleme der Welt. Viel zu häufig wird Afrika vornehmlich als Problem gesehen, als Kontinent, der gezeichnet ist von Armut und Hunger, Bürgerkrieg und Konflikten, von Krankheiten wie Malaria und Aids. Das alles stimmt und ist Teil der Realität. Wir stehen an der Frontlinie einer fundamentalistischen, aggressiven Instrumentalisierung der Religion; sie wird als ein politisches Mittel eingesetzt, sei es durch Islamisierung oder sonstigen Fanatismus. Wir sind unseres Lebens nicht sicher. Doch mein Kontinent Afrika ist mehr als eine Ansammlung haarsträubender Probleme.

Afrika ist Leben, ist voll irrer Hoffnung, voll von Geschichten, wie es trotzdem gut ausgeht, voll von pulsierender Vitalität. Wir leben, bleiben stark und geben nicht auf. Es gibt Schönheit mitten im Leiden, Freude in der Trauer, Hoffnung in der Verzweiflung und neues Leben sogar im Tod.

Es geht etwas,
wenn man sich bloß
auf den Weg macht.
Geh nur weiter!
Hinter der nächsten Wegbiegung
sehen die Dinge
wieder anders aus!

Afrikaner lieben nicht die große Theorie. Hegel ist nicht afrikanisierbar, der Weltgeist bekommt bei uns kein Visum. Afrikanische Philosophie ist Philosophie der kleinen Dinge, der beiläufigen Entdeckung. Der Löwe, sagt eine alte Parabel, ist der König. Alle Tiere fürchten ihn. Wie winzig und unbedeutend ist ein Floh. Aber ein Floh macht Löwen mehr zu schaffen als der Löwe den Flöhen. Weisheit lernen wir Afrikaner auch nicht in der Hochschule; sie ist gewissermaßen ein biologischer Effekt des Älterwerdens. Eine schöne Weisheit unserer Ahnen in Igboland besagt: *»Auch wenn es dir überflüssig oder belanglos vorkommt, was die Älteren reden, respektiere es. Was ein alter Mann im Sitzen sieht, kann ein Junge nicht einmal im Stehen erblicken.«*

Sie können diese Weisheit annehmen oder nicht. Das, was Afrika zu bieten hat – das Schöne und das Traurige, das Helle und das Dunkle –, kann für Sie zu einem Zeichen werden, das Sie auf Ihre Beziehung zu Gott, zu seiner Schöpfung und zu Ihnen selbst hinweist. Das, was Afrika zu bieten hat, kann Sie sogar auf die Spur Ihrer Bestimmung in dieser Welt hinführen. Ich habe solche »Bekehrungen« schon erlebt. Afrika ist so elementar, so direkt. »Nach Afrika fahren«, hat mir ein alter Geschäftsmann einmal gesagt, »krempelt mich jedes Mal um. Ich fahre als Hund hin – und komme als Mensch zurück.«

WARNUNG VOR »OBI«

Ich möchte Sie, weil ich ehrlich bin, ein bisschen warnen. Ich rede gerne offen und direkt. Zum Beispiel sage ich frank und frei: Ich möchte leben! Möchte mich nicht links und rechts entschuldigen, dass es mich gibt und dass ich Spaß daran habe, dass ich da bin. Ich will das Leben genießen! Genießen – und teilen! Das gehört allerdings zusammen. Einsame Genießer sind ebenso asozial wie dumm: Wie kann man Freude haben, ohne sie zu teilen? Das geht doch gar nicht! Also: Ich bin *ein bekennender sozialer Genießer*. (»Doch ich bat Dich nicht, mir das allein zu schenken. Alles allein aufzuessen, heißt schlecht essen!«, heißt es im Gebet von der Kolanuss am Ende dieses Buches.) Wissen Sie, wie schön das ist, die Hand mit Freunden in dieselbe Schüssel zu tauchen? Miteinander zu schmausen, dass einem das Fett aus dem Mund rinnt? Sich dabei anzusehen und ins Gesicht zu lachen? Das ist herrlich!

Ein Priester und Mensch, der das Leben liebt? Ja! Und wie! Ich bin verliebt in das Leben. Fünf- bis zehnmal am Tag schaue ich nach oben, zum »Chef«: Toll, dass du diese Erde gemacht hast! Ich finde sie fantastisch! Danke! Gib mir mehr von diesem Leben! Und er tut es! Er gibt mir Leben ohne Ende. Leben, dass mir manchmal der Atem wegbleibt. Ja, Leben kann für mich nicht stark und intensiv genug sein. Machen Sie es doch genauso! Es geht – und ist wahnsinnig toll. Sie ahnen gar nicht, wie viel Energie in Ihnen steckt. Obwohl: Wissen könnten Sie es schon. Aber dazu müssten Sie vielleicht Ihre afrikanischen Wurzeln wiederentdecken. Wie bitte? Afrikanische Wurzeln? Ja. So wie ich ein afrikanischer Rheinländer und ein rheinischer Afrikaner bin, so sind Sie vielleicht ein afrikanischer Innsbrucker oder ein bayerischer Nigerianer. Unsinn? Warten Sie's ab.

Was ich noch liebe außer dem Leben? Philosophie zum Beispiel, klare Gedanken. Ich hasse den Relativismus. Es gibt viel zu viele Leute, die anderen Leuten die Botschaft vorgaukeln: Was gut und böse ist, ach, wer weiß das schon … Da möchte ich zu ihnen in den Ring springen und sie zu einem Kampf herausfordern: *He, das weiß man nicht?*

Ihr Denkfaulen!
Ihr Verführer! Die Welt
geht gerade vor die Hunde
und ihr sagt unseren Kindern,
man könne zwischen Gut und Böse
nicht unterscheiden
und es sei egal,
wie man lebt,
wofür man kämpft?

Die zweite Gruppe von Leuten, die ich nicht ausstehen kann, sind die »Bedenkenträger«. Meinem weißen Bruder Martin bin ich dankbar, dass er mir das typisch deutsche Wort erklärt hat – er hat eine halbe Stunde dafür gebraucht, weil es meinem Denken so fern ist wie seinem. Jetzt könnte ich eine Vorlesung darüber halten. Einerseits & andererseits, sowohl & als auch, wenn ... & dann doch lieber vielleicht gar nicht. Da fange ich mit den Füßen an zu trampeln. Da platzt mir der Kragen. Ich denke an all die jungen Leute in Deutschland, in Afrika, wo auch immer, denen wir die Zukunft schulden – und nicht noch eine Studie, und noch eine Studie, und noch eine Studie.

Jammern ist kontraproduktiv

Wo ich mich schon einmal in gerechten Zorn geredet habe: Wissen Sie, was für Leute ich noch nicht leiden kann? Jammerlappen. Schwierig, schwierig, schwierig – alles ist schwierig, alles ist kompliziert, die Zeiten sind schlecht, die Verhältnisse sind nicht so, die Politiker sind das Problem, und was sich der liebe Gott dabei gedacht hat ... Ich will das nicht hören. Keiner meiner Studenten darf mir mit solchen Geschichten kommen. Ich lächle sie dann an und sage: »Hört mal, wie ihr wisst, habe ich in Deutschland studiert«, (dann wissen sie schon, was kommt), »da gibt es so ein Sprichwort, das heißt: Geht nicht – gibt's nicht! Also?« Dann nicken sie und sind beeindruckt. Weise Menschen, diese Deutschen! Und so tüchtig! Wie die Deutschen müsste man sein (denn ehrlich gesagt: Jammern tun wir schon auch ein bisschen in Nigeria)!

In Wahrheit sind die Menschen meines Volkes bewundernswerte Lebenskünstler, sie improvisieren mit dem reinen Nichts, sind schöpferische Genies im Chaos. Sie leben manchmal eine Hoffnung wider alle Hoffnung. *Sperare contra spem* – sagen die Theologen. Meine Leute lachen dabei und danken dem lieben Gott. Es könnte ja noch viel schlimmer sein. Sie erzählen hundert Geschichten, wo sie gerettet, behütet, beschenkt und geführt wurden.

Kann man denn keinen Glauben haben?

Unsere Leute sind fast ohne Ausnahme religiös. Viele sind Muslime. Andere – so wie ich – sind Christen. Wieder andere hängen noch alten Naturreligionen an. Jemand, der keine Religion hat, wird angeschaut wie ein grünes Kamel. Gibt es so was?, fragen die Leute. Einer der keinen Glauben hat? Eigentlich nicht. Kann man damit aufstehen und schlafen gehen, feiern und lieben, arbeiten und handeln – mit nichts? Meinen theologischen Freunden aus Europa und Amerika wird grün und blau vor den Augen, aber in Afrika ist Gott überall – im gackernden Huhn, das gerade auf dem Markt verkauft wird, im dampfenden Bohnengericht, das aus dem Kessel duftet, in den roten Wassermassen, die in der Regenzeit durch das Tal rauschen.

Lieber zu viel Gott als zu wenig, sage ich mir. Und dann komme ich nach Deutschland, stehe an einem Rednerpult oder vor einer Schulklasse und jemand fragt mich mit großen Augen: »Wo ist Gott?« – »Einen Augenblick«, sage ich. Ich muss erst umschalten. Denn nicht alle Kinder sind so wie Prisca, die bei Heike und Martin aufwächst und das Leben von allen Seiten her kennen lernen will.

Im Flieger nach Deutschland

Ja, ich bin gerne hier in Deutschland. Ab und an brauche ich dieses Wechselbad der Gefühle, dieses Wandern zwischen den Welten. Klar bin ich auch hier, um materielle Mittel zu gewinnen, mit denen wir in Nigeria eine Infrastruktur der Liebe für die Schwächsten der Schwachen in Gang halten. Just for fun kann kein afrikanischer Priester, der Ehre im Leib hat, durch die Welt düsen. Aber ich genieße es, wenn ich endlich wieder einmal in den Flieger steigen darf und weiß, in ein paar Stunden wirst du in Köln aus der Maschine steigen – und Martin, der dann längst schon auf meine Mailbox gequatscht hat, und die anderen alten Freunde werden dich in den Arm nehmen und sagen: »Obi – wo bist du so lange geblieben?«

Darum ist es mir nicht schwer gefallen, als diese Freunde mir sagten: »Mensch, Obi, schreib uns ein Buch!« – »Was für ein Buch?« – »Na, eine Liebeserklärung an Deutschland – gespickt mit so ein paar Erkenntnissen und ein paar wohldosierten Mutmachern! Unser Land braucht das. Wir sind ziemlich down. Uns ist der große Mut ausgegangen ... Du könntest uns eine wunderbare Vitaminspritze geben, du mit deinem Optimismus! Und Geld kriegst du auch dafür.« So etwas darf man mir nicht dreimal sagen. Ich mach das!

Warum ich so geldgierig bin

In Hinsicht auf das Geld halte ich es in etwa so wie Mutter Teresa, die sich nie handfest weigerte, ein paar harte Dollars für ihr Sterbehaus mitzunehmen. Aber es hatte noch einen besonderen Dreh, der in folgender Geschichte zum Ausdruck kommt: Ein Journalist beobachtete sie einmal, wie sie einen Aussätzigen wusch. »Das würde ich nicht einmal für eine Million machen«, knurrte der Medienmensch einmal. »Ich auch nicht«, konterte Mutter Teresa trocken.

So ein ähnliches Verhältnis habe ich auch zum Geld. Für meine Freunde mache ich alles, wenn es sinnvoll ist. Und für die Kirche. Und für meine Studenten. Und für Nigeria. Nur für *cash* würde ich im Leben kein Buch schreiben. Ich will kein berühmter Autor werden, habe an mir noch nicht entdeckt, dass ich besonders geldgeil bin (sonst wäre ich statt Priester Ölmanager in Port Harcourt oder Drogenhändler in Lagos geworden), und spare auch nicht auf eine nigerianische Sofagruppe. Sie würden sich wundern, wie einfach ich im Prinzip lebe! Also innerlich unabhängig, meine ich. Na ja, das Haus, das man mir gebaut hat, ist schon eine Oase. Ich habe es *peacehouse* genannt. Ich habe immer wieder Gäste. Eigentlich geht es mir gut. Ich genieße auch hier das Leben. Morgens zum Frühstück pflücke ich mir ein paar Früchte, Ananas, Bananen, Papaya. Das ist Leben! Volles Leben! Leben in Fülle! Afrika ist anders. Ja. Aber ich hänge nicht an Materiellem. Meine Sparbüchse ist die Kirche. Ich will Gutes tun. Darum mag ich Geld. Darum bin ich sogar versessen darauf.

Stellen Sie sich mal vor: Ich sitze im Flieger nach Nigeria. Und meine Freunde haben mir ordentlich was zugesteckt. Das ist ein Supergefühl. Ich träume dann: Davon kaufe ich einen Jugendlichen aus dem Gefängnis frei! Unser Gefängnis in Enugu, in das ich regelmäßig gehe, ist nämlich ein Skandal. Da sitzen viele völlig unschuldig drin, teilweise sind sie dort seit Jahren – ohne eine Anhörung, ohne Anwalt, ohne Gerichtsverfahren. Noch dazu sind sie eingepfercht zu sechzig Personen in Räumen ohne Wasser, ohne Toilette. Nur ein Loch an der Seite gibt es im Betonboden, wo sie alle ihre Notdurft verrichten. Sie liegen auf dem Betonboden, haben vielleicht nur eine alte dreckige Decke oder nur eine Wellpappe, auf der sie schlafen können. In Europa werden nicht einmal Hunde so gehalten wie bei uns Gefangene. Eure Hunde haben es besser! Viel besser! Nur die Näpfe sind ähnlich. Mit dem Unterschied, dass sie bei euch aus Edelstahl sind, bei uns für die Gefangenen aus billigem Alublech.

Also: Wenn ich Geld habe, dann plane ich. Dann verteile ich gerne: Oh, damit bauen wir das und das! Das kriegt der und der. Meinen Schülerinnen vom Holy-Rosary-College, und das sind immerhin eintausend, kann ich jetzt das und das geben. Damit können wir an unserer Heilig-Geist-Kirche weiterbauen. Oder: Die Kinder im Waisenhaus bekommen jetzt endlich einige Spielsachen. Also, wer Geld übrig hat, kann sich jederzeit vertrauensvoll an mich wenden. Darum habe ich auch gesagt: Ein Buch schreiben? Kein Problem. Den Laptop habe ich überall in Reichweite. Ich schreibe überall. Ich mache mir überall Notizen, manchmal auf richtigen Papierfetzen. Im Auto, am Straßenrand, im Flugzeug, manchmal sogar in der Kirche. Schließlich schreibe ich keine Pornos. Und Johannes Paul II. hat auch in der Kirche geschrieben. Übrigens, wenn ich diesen mutigen Papst öfters einmal nenne, dann, weil ich ihn verehre wie einen Vater. Das hat damit zu tun, dass ich Nigerianer bin: Johannes Paul II. hat dem Land praktisch die Freiheit gebracht, als er 1998 Nigeria besuchte und in seiner Predigt die Untaten der Diktatur Sani Abachas klar beim Namen nannte.

Und hier kommt »Martin«!

Jetzt wird es aber höchste Zeit, dass ich meinen besten Freund vorstelle. Martin Lohmann, mit dem ich in Bonn studiert habe, ist für mich eine Art »Bruder«. Weil er mindestens so verrückt ist wie ich selbst, habe ich ihn adoptiert. Er gehört zum Clan. Wir haben eine geheime Verschwörung. Wenn er in Nigeria ist, ist er ein Nigerianer. Und wenn ich in Deutschland bin, bin ich ein Deutscher. Ich habe Martin einen Stammesnamen verpasst. Er heißt »Chinedu«. Chinedu bedeutet: »Der Herr führt Dich«. Ich mag ihn; er ist ein Realist, aber einer mit einer unverbesserlichen Beimischung an Hoffnung. Er hat eine »afrikanische Seele«. In puncto Hoffnung ist er, der waschechte Rheinländer, ein richtiger Afrikaner. Aber vielleicht sind sich die beiden Mentalitäten ja sehr ähnlich. Jedenfalls danke ich Martin Chinedu Lohmann, dass er mir immer wieder gesagt hast: »Mach es, Obi!« Ich bin ihm auch dankbar dafür, dass er meine überbordenden Einfälle eingebremst und in Form gebracht hat. Chinedu, du hast dieses Buch mitgeschrieben! Wir sind Brüder einer Familie. Seiner Frau Heike habe ich den Igbonamen Chiamaka verpasst, und ihre Tochter Prisca heißt auch Chioma. Chiamaka heißt: Gott ist gut, Chioma bedeutet: ein guter Geist, eine gute Seele, *a good spirit*. Die drei gehören zur Familie. Ihr Haus in Bonn ist auch meine Heimat und es heißt wie mein Haus in Enugu: *Peacehouse*. Martin und ich leben beide nach dem Motto: *Wende dein*

Gesicht der Sonne zu! Trotz allem. Gerade deswegen. Auch er hätte schon aufgeben können, tat es aber nicht. Damals zum Beispiel, am Festtag der Erwählung Mariens 1986, als ihm ein lebensgefährlicher Tumor aus dem Kopf operiert wurde, hat er Ja gesagt und auf Gott vertraut. Damals hat er ganz konkret sein Gesicht der Sonne zugewandt. Und die hat ihn nicht enttäuscht.

Also passen Sie auf: Nach der Lektüre dieses Buches wird es Ihnen gut gehen. Sie werden von ein paar ziemlich armen Menschen ein paar ziemlich einfache Lektionen lernen; sie werden darüber fröhlich werden und Sie werden darüber staunen, welche Kraft in Ihnen steckt. Sie werden von ziemlich armen Menschen viel Reichtum bekommen. Die Sonne Afrikas ist auch für Sie da. Das ist mein Wunsch und Geschenk für Sie.

Dann ist dies *Ihr* Buch.

Obiora Ike

Enugu/Nigeria und Bad Godesberg

am 8. Dezember 2006

Meine Geschichte mit Deutschland

*Man liebt einen anderen nicht,
wenn man nichts von ihm annimmt*

Ich bin Afrikaner, komme also von diesem vergessenen Kontinent, den Sie gelegentlich am Rand überfliegen, wenn Sie Gran Canaria als Traumziel gewählt haben. Gran Canaria ist, nebenbei bemerkt, auch das Traumziel vieler bettelarmer Afrikaner. Manche schaffen es in ihren vorsintflutlichen Booten tatsächlich bis auf die Kanaren. Viele ertrinken im Meer. Die anderen werden von den Bewohnern der Ferieninsel möglichst gut vor den Touristen versteckt.

Der dunkle Kontinent

Doch für viele Menschen in Europa ist Afrika, der »dunkle Kontinent«, über Jahrhunderte ein faszinierendes Geheimnis geblieben. Einerseits beschwören Filme wie »Serengeti darf nicht sterben« oder »Jenseits von Afrika« den Mythos, andererseits nimmt man Afrika über jene Hunger- und Flüchtlingsdramen wahr, angesichts deren man dankbar ist, dass moderne Fernsehgeräte eine Fernbedienung besitzen. Noch immer ist Afrika für viele eine weit entfernte, fremde Welt, trotz Safaris und Badeurlaub an der Elfenbeinküste. Immer noch höre ich Sagen- und Märchenhaftes, wenn ich in Deutschland frage: »Was wissen Sie über Afrika?« Dass im Inneren des Landes die Mondberge hoch in den Himmel ragten und dass auf ihren Gipfeln Schnee läge. Dass dort ganz andere Sternbilder zu sehen seien als in der Heimat. »Wie romantisch ... wie wundervoll!«, sagen die Leute; und im nächsten Moment: »Wie schrecklich, wie kann man so leben?« Afrika scheint ein einziger Widerspruch zu sein, über den sich Horrormeldungen wie ein grauer Schleier breiten. Während einige Musik, Humanität, Menschlichkeit, Literatur, Kunst, Nahrungsmittel, Rohstoffe aus Afrika schätzen gelernt haben, vermitteln Nachrichten und Dokumentationen meist eine Auswahl von Ereignissen, die uns unverständlich oder bedrohlich vorkommen.

Dieser vielgestaltige Kontinent lässt niemanden unbeeindruckt und weckt bei vielen die unterschiedlichsten Assoziationen. »Lasst euch nicht von den Horrorbildern beeindrucken!«, sage ich in Europa immer wieder. »Afrika ist ein Geschenk!« Afrika ist ein faszinierender Teil unserer ganzen wundervollen Erde, der uns ruft und lockt. Seine Natur, seine Tierwelt, seine dramatische Naturkulisse möchten alle Menschen inspirieren, dem Schöpfer Danke zu sagen. Etwas von dem Charakter und Wesen Gottes spiegelt sich in ihnen wider. Freiheit und Geborgenheit – Loslassen und Festhalten. Afrika dürfte es nicht mehr geben, so viel Leid, Ausbeutung und Erniedrigung hat dieser Kontinent erfahren.

Afrika ist eine Katze

Doch Afrika gibt es, weil es so stark ist, weil es einfach nicht umzubringen ist. Afrika ist süchtig nach Sonne, nach Leben, nach Liebe, nach Freude, nach Gemeinschaft. Afrika hat eine jahrtausendalte Kultur. Oder vielmehr: Der riesige Kontinent hat eine Fülle von Kulturen, die das Denken und Handeln der Menschen bestimmen. Hier mischen sich alle Weltreligionen mit dem ursprünglichen Ahnenglauben der Urbevölkerung. Es entfalten sich dadurch Lebensentwürfe verschiedenster Art. Afrika hat vielfältige Einflüsse westlicher Kulturen erfahren, hat Teile davon angenommen und dabei nie seine Identität verloren. Ich bin stolz auf *mein Afrika, auf diese Katze mit sieben Leben*. Und ich bin sicher: Die Letzten werden die Ersten sein. Das hat Jesus gesagt. Es wird sich auch für uns bewahrheiten. Von den verachteten und ausgebeuteten Kulturen meiner Heimat wird die Welt noch lernen, wenn der verheerende Raubzug der Globalisierung überall jene Wüsten zurückgelassen hat, die wir Afrikaner heute schon kennen gelernt haben.

Warum wir trotzdem miteinander verwandt sind

Soweit ich das genealogisch zurückverfolgen kann, bin ich ein richtiger nigerianischer »Eingeborener«, wie man sie in Deutschland aus Dschungelfilmen kennt, wo es gefährlich ist, auf »Eingeborene« zu treffen. Als ich selbst in Deutschland war, hatte ich immer einen Riesenspaß, mir im Kino den Kral der Ovambos und andere Kuriositäten anzuschauen. Manchmal denke ich heute, man müsste afrikanische Filme in Hamburg, Mailand oder Oxford drehen und sie mit einem spannenden Text unterlegen: »... bekamen wir die ersten Eingeborenen zu Gesicht«. Sagen wir einfach: Meine Eltern waren Nigerianer, meine Großeltern waren Nigerianer, meine Urgroßeltern waren Nigerianer und so weiter zurück bis ungefähr zu dem Punkt, an dem wir beide – Sie, der Leser, ich der Autor – miteinander verwandt sind.

Aber ich muss Ihnen gestehen. Eigentlich bin ich ein afrikanischer Rheinländer. Warum? Vielleicht, weil mich der »Zufall« (an den ich übrigens nicht glaube) in diese verrückte Region verschlug, weil ich hier studierte und hier Freunde fand. Aber der wirkliche Grund liegt tiefer: Rheinländer haben Humor; sie finden sich »plätsch!« in der Welt vor, haben keine oder unendlich viele Theorie(n) dazu und können lachen wie die Afrikaner. Im Rheinland, habe ich erfahren, nimmt man das Leben nicht so ernst. *Et kütt, wie et kütt und et hätt och immer jut jegange.*

Das ist der Rheinländer, und der Afrikaner ist auch so. Was heißt das? Die Antwort ganz rheinisch gesagt: *Loß misch nit lüje!* Da ich vermute, dass viele Leser nicht richtig Deutsch können, darf ich den Satz frei übersetzen: *Ich werde mir besondere Mühe bei der Ausarbeitung dieser Problematik geben.*

Marx und andere Philosophen

Die Rheinländer haben es verstanden, einen wunderbaren Pakt mit dem lieben Gott zu schließen. Sie schaffen es, sich von den üblen Verhältnissen nicht in die Suppe spucken zu lassen. Sie lassen sich alles nehmen, bloß nicht den Spaß am Leben. Mit 25 Jahren kam ich nach Deutschland, weil ich Karl Marx für einen der größten deutschen Philosophen hielt. Ich war ein Feuerkopf, kam aus einem wirtschaftlich ausgebeuteten Land und träumte ein bisschen von der Veränderung der Welt und der Gerechtigkeit. Von diesen Flausen wurde ich bald geheilt. Nach ein paar Jahren wusste ich, dass Afrika keinen Importphilosophen wie Karl Marx brauchte. Ausgerechnet in Bonn entdeckte ich, dass wir Afrikaner eine viel tiefere, humanere und christlichere Philosophie in den Adern haben. Ich lernte das bei den »Jecken«. Die einfachen fröhlichen Leute vom Rhein wurden meine Lehrmeister. Mitten im »perfekten« Deutschland, von dem ich ein völlig falsches Bild hatte, entdeckte ich die Afrikaner des Herzens.

Irgendwie schaffen es die Menschen in dieser Region der Welt, wenn es notwendig ist, flexibel, anpassungsfähig zu sein, aber dabei immer den Himmel im Blick zu behalten. Das sind Tugenden, die ein Afrikaner spontan versteht. Die Rheinländer finden sehr schnell Freunde, sie sind unkompliziert. Theoretisch könnte man auch zu den Menschen in anderen Nord-Ländern dieser Welt gehen, nach Schweden oder Norwegen, um die Leichtigkeit des Seins zu entdecken. Dort kann es einem aber passieren, dass man schräg angeschaut wird, wenn man fröhlich jemandem einen guten Morgen wünscht. Dann erntet man Fragen wie: *Warum grüßt Du mich?* Aber im Rheinland bekommt man mit Herzensweite und der Offenheit des Herzens keine Probleme. Das ist Afrika. Eindeutig.

Du musst in die Bütt!

Ich werde niemals eine Erfahrung aus meinem ersten Jahr in Deutschland vergessen, wo ich von meinem Freund Alfons in Odenthal bei Leverkusen »jebrieft« wurde und eine Büttenrede halten musste über Odenthal und die Jecken. »Tell me, Alfred, what is a *Büttenrede?*« – »Mensch«, sagte Alfred, »dat wirste schon merken! Du kannst so herrlich Spaß machen. Du musst in die Bütt! Wir lachen auch alle! Versprochen ist versprochen!« Also habe ich mich da mal hinaufschieben lassen. Die Odenthaler haben Wort gehalten und mir zuliebe wirklich Tränen gelacht. Ich bekam sogar einen Karnevalsorden dafür. Er hängt bei mir in Enugu im Zimmer, denn ich bin immer noch mächtig stolz darauf. Damals habe ich begriffen: So lebt ein Afrikaner in Deutschland. Klar, dass ich *up kölsch* geredet habe.

Bei uns ist alles offen

Ich kam damals aus Innsbruck. Meine Priesterweihe im österreichischen Hohenems war im Juli 1981, am 4. Juli, durch Bischof Bruno Wechner, dem Ordinarius der Diözese Feldkirch. Und dann habe ich mit Alfons Herweg – auch so ein wunderbarer Freund meines Herzens! – Berlin besucht. Sie wissen schon: Karl Marx spukte mir durch den Kopf. In Enugu hatten wir noch nicht besonders viele Bücher. Aber eine besondere Art von Kulturtransfer hatte dafür gesorgt, dass die Werke von Marx, Engels und Lenin in prachtvollen Ausgaben zur Verfügung standen. Dann sah ich die Berliner Mauer, mit der man das Land einfriedete, das überall in der Welt als Muster sozialen Ausgleichs und friedlicher Entwicklung, als Vorkämpfer der Freiheit verkauft wurde ... und ich bekam ein ganz mulmiges Gefühl in der Magengegend. Was war das denn? Musste man die Leute einsperren, wenn man Freiheit auf die Fahnen schrieb und für eine gerechtere Welt kämpfte? Eine Mauer? Stacheldraht? Bedrohlich postierte Volkspolizisten? Was war das für eine merkwürdige, bewachte Tristesse?

Menschen, die eingemauert werden – was für ein Leben ist das? Mir wurde richtig schlecht. Freiheit kann man doch nicht einmauern, schoss es mir durch den Kopf. Ich dachte an den Psalmvers: »Mit meinem Gott überspringe ich Mauern.« Ich mag ihn seit meiner Kindheit; er berührt mein afrikanisches Herz. Gott ist nicht nur Liebe; er ist auch Freiheit. Gott ist da, wo freie, stolze Leute leben. Er ist garantiert nicht da, wo man Menschen im Käfig hält. Gott macht die Menschen so frei, dass sie ihm sogar die kalte Schulter zeigen können. Gott hält den Menschen die Freiheit hin wie ein schönes Kleid: He, zieh es an! Es steht dir! Schade, dass wir das selbst in der Kirche nicht immer geglaubt haben.

Zwang ist vom Teufel.
Gott sagt immer:
Wenn du willst,
wenn du willst,
wenn du willst*!*

Die Berliner Mauer musste der Teufel erfunden haben. Dass Menschen über diese Mauer geflohen waren und dabei erschossen wurden, dass eine Mauer von einem System benutzt wurde, um die göttliche Freiheit und die menschliche Würde gleichzeitig zu verhöhnen: Das war eine Katastrophe für mich als Afrikaner.

Wir mögen es grenzenlos

Ja, wir Afrikaner haben eine besondere Beziehung zur Freiheit. Das Eingekästelte, Fixierte, Festgeschriebene ist für uns das Tote. Sicher, auch bei uns gibt es viele Gesetze, die man aufgeschrieben hat. Für alle Fälle. Aber das Leben ist anders. Lebendig eben. Das Lebendige ist nicht einzugrenzen. Es bewegt sich permanent, verändert sich ständig. Das Leben hat keine Grenzen. Darum verstehen wir auch das »Ewige Leben« so gut. Wo etwas aufhört und ein anderes anfängt, das ist bei uns nicht so genau zu sagen, bis hin zu Landesgrenzen, die bis heute »ungefähr da« verlaufen. Kurz gesagt: Wir mögen es grenzenlos. Bei uns ist alles offen, wir bauen sogar Häuser ohne Fenster und Türen. Für die Berliner Mauer fehlte mir jede Kategorie. Sie kam mir etwa so absurd vor wie die Verhüllung des Berliner Reichstages durch den Künstler Christo.

Dennoch hatte ich begonnen, für eine Dissertation an der Innsbrucker Universität über Karl Marx und Religion zu forschen. Ich dachte mir: Irgendwie müsste man das doch zusammenbekommen, den Kampf für die Armen, die Revolution für eine gerechtere Welt, den Glauben an Gott. Darüber hatte ich schon in meiner Magisterarbeit geschrieben und wollte dies weiter vertiefen. Vor allem in afrikanischen Ländern machte der Kommunismus in den sechziger und siebziger Jahren sukzessive Boden gut; die Emissäre Moskaus schickten Geld, Berater und Maschinen. Es schien nur eine Frage der Zeit zu sein, bis der ganze Kontinent rot sein würde. Die Kolonisatoren hatten uns den Rücken gezeigt. Die Fahnen und Bücher der neuen Zeit waren schon da. Irgendwann musste das Paradies auch bei den Armen eintreffen.

Und war das am Ende nicht vielleicht sogar gut so? War es nicht die Logik der Geschichte Afrikas, die darauf hinauslief, sich aus Fremdherrschaft und Entfremdung zu befreien? Afrika den Afrikanern! Das konnte man auch als Seitenstrang der proletarischen Bewegung lesen. Waren wir Christen vielleicht nur ein bisschen begriffsstutzig und voreingenommen? Machte der Marxismus nicht ein unglaublich verlockendes »Angebot«? Reinen Tisch machen! Mit Gewalt! Dann neu anfangen! Eine andere Welt bauen! Ein Stück Himmel auf Erden verwirklichen!

Aber zuerst wollte ich ihn noch taufen

Mich interessierte die Lehre, wobei mich die dickbäuchigen Bände vor allzu großem Studieneifer bewahrten. Aber mehr noch interessierte mich der Mensch Karl Marx. Ihn wollte ich erforschen, der hinter dem Ganzen stand – und zwar aus einer typisch afrikanischen Perspektive heraus. Sie erinnern sich, was ich ganz zu Beginn sagte: Wir Afrikaner sind hoffnungslos religiös. So religiös, dass uns Menschen, die sagen, sie seien areligiös, irgendwie monströs vorkommen. Da kam also dieser Deutsche mit einer möglicherweise heilsamen Lehre daher – nur: Er hatte einen kleinen Schaden; er war Materialist. Ich fragte mich immer wieder: Wie kann man uns Afrikanern einen »materialistischen« Kommunismus anbieten? Wäre ein Marxismus ohne Materialismus und Atheismus denkbar? Könnte man nicht ein bisschen an diesem Marx drehen, ihm nachweisen, dass er in dem einen Punkt nur einer sonderbaren Marotte nachhing? Könnte man ihn nicht ein bisschen fromm und damit afrikakompatibel machen? Das wäre doch spannend.

Aber in diesem Punkt verstand der bärtige Prophet aus Trier keinen Spaß. Marxismus war Abschied von Religion, basta, ein Tausch: eins für das andere, die Erde für den Himmel. Wer ist dieser Mensch, dachte ich immer wieder, der uns solche Geschichten anbietet?

Und dann hat mir jemand gesagt: Komm mit nach Polen, da kannst du Karl Marx erleben! Was ich in Polen sah, verstärkte noch einmal mein Urerlebnis an der Berliner Mauer. Polen mochte einmal ein schönes, gottgesegnetes Land gewesen sein. Nun war es grottenhässlich und kalt, überzogen von einem grauen Giftschleier, der nur durch einige rote Transparente durchbrochen schien. In den Städten bewegten sich die Menschen gebückt und schemenhaft. Militärs patrouillierten überall. Stinkende Lastautos ratterten durch heruntergekommene Dörfer. Nur in den halbzerfallenen Kirchen, dort, wo sich die Leute in großer Zahl in den Schein der Kerzen flüchteten, war es heimelig.

Dort fing ich hin und wieder auch ein Lächeln auf. Dort war sehnsüchtige Musik, die an meine Seele rührte. Am liebsten wäre ich immer in den Kirchen geblieben. Aber nach einer Weile mussten wir wieder hinaus in das giftige Land. Ein paar Funktionäre erklärten uns, dass Polen Avantgarde sei – kein Privateigentum mehr, alles gehört allen! Aber ihre Worte hätten nicht einmal dann Magie gehabt, wenn wir die Augen geschlossen und blind durch Polen gefahren wären. Braunkohlengeruch wäre uns in die Nase gestiegen und hätte uns alles verraten. Die Wahrheit wurde niedergehalten; aber sie drang durch alle Ritzen.

Afrikaner brauchen manchmal länger, bis eine Wahrheit bei ihnen angekommen ist. Europäern mag es genügen, wenn sie im Kleinhirn »Hier!« schreit. Wir müssen sie fühlen. Dazu muss sie in der Seele »Hier!« schreien. In Polen erst rebellierte meine Seele gegen die sozialistische Utopie, der ich so lange zugestanden hatte, eine Hoffnung mit ein paar behebbaren Systemfehlern zu sein. Ich brauchte Anti-Pathie. Jetzt war sie da. Ich habe somit Abschied von Karl Marx genommen, von der Forschung über ihn, der Dissertationsarbeit. Meine Arbeit wäre zwar eine Kritik an Karl Marx und seinem atheistischen Materialismus geworden. Aber das ganze Projekt ergab plötzlich keinen Sinn mehr.

Es mussten Lösungen gefunden werden, die aus dem Glauben kamen. Den Glauben an der Seminartür abzugeben, um eine gerechte Welt zu gestalten? Das erschien mir absurd, weil ich die historischen Ergebnisse dieses Projektes plötzlich mit Händen greifen, mit der Zunge schmecken, mit der Nase riechen und mit den Ohren hören konnte. Ich war auch persönlich nicht bereit, meinen Glauben in Frage zu stellen. Zu tief war und bin ich von seiner Wahrheit durchdrungen.

Obi findet Freunde

Kurz danach bin ich dann nach Köln und Bonn gegangen, um in katholischer Soziallehre zu promovieren. Köln war die Heimat, aber Bonn hatte das rheinische Flair. Vater

Rhein verbindet Köln mit Bonn. Ich habe wirklich das Beste von diesen zwei Städten gehabt: tagsüber in Bonn, nachts in Köln. Nachts das ewige Licht in der Südstadt, und tagsüber dann die Bonner Münsterbasilika, die gar nicht weit von der Universität entfernt lag. Dort habe ich dann bei Lothar Roos promoviert. Das Tolle war nicht nur, einen guten Lehrer zu bekommen. Das Tolle war, dass ich mich urplötzlich in einer fantastischen Clique von jungen Leuten wiederfand, die mich vom ersten Augenblick an mit all meinen Ecken und Kanten annahmen und mir den Eindruck gaben, in einem warmen Nest der Freundschaft gelandet zu sein. Meine Bonner Jahre wurden zu einem Fest der Freundschaft, zu einer hinreißenden menschlichen Erfahrung, die ich mein ganzes Leben nicht vergessen werde. Wie gesagt: Ich habe bis heute Heimat in Bonn, wo im *Peacehouse* immer ein Bett für mich bereitsteht. Wir saßen in unseren Sitzungen beisammen, hatten regelmäßig unser Privatissimum oder Colloquium oder andere Veranstaltungen. Und dann hatten wir immer noch nicht genug. Wir mussten auch noch die Freizeit miteinander verbringen. »Obi« hier – und »Obi« da! Bald konnte ich mich vor Einladungen nicht retten. »Du wirst es nicht glauben«, musste ich dann manchmal einem Kommilitonen sagen, »Obi muss arbeiten! *Arbeiten*, verstehst du!«

Warum Köln ungefähr in Zentralafrika liegt

Typisch rheinisch und auch afrikanisch ist zum Beispiel: 1. *unkompliziert* zu sein: Mit einem Rheinländer bist du sofort auf du und du. Das klappt nur von Seele zu Seele, von Mensch zu Mensch. Man schaut sich in die Augen und entdeckt: He, das ist ja ein *Mensch!* Maske zu Maske geht nicht. Visitenkarte zu Visitenkarte geht auch nicht. Sie ahnen es: Ich halte nicht viel von Etikette, von Konventionen, von Voranfragen, Sprachregelungen und Political Correctness. Das alles empfinde ich als aufgesetzt. Wohl halte ich eine Menge von Nähe und den Regeln, die unsere Gefühle uns eingeben. Wer an seinen echten Gefühlen dranbleibt, weiß in einer bestimmten Situation genau, wie er sich taktvoll, sicher und klug bewegt. Und tritt man einmal in ein Fettnäpfchen – herrje, dann haben alle etwas zu lachen. Das macht die Welt bunt, dass man durch die demütige Bereitschaft glänzt, auch einem die Lachnummer abzugeben.

Apropos »Lachnummer«. Typisch rheinisch-afrikanisch ist es 2., *lachen zu können*. Von Ende November an bis zum Aschermittwoch scheint die ganze Region aus einer Anhäufung demütiger Bereitschaften zu bestehen: Bitte, bitte, lacht doch auch einmal über mich! Wer lacht, hat Distanz zu sich. Leute, die nicht über sich selbst lachen können, sind gefährlich. In einem osteuropäischen Land lachte das ganze Volk über ein Theaterstück eines witzigen Mannes, der sich eine Satire auf den Staatschef ausgedacht hatte. Nach der zwanzigsten Aufführung ging dem Tyrannen auf, dass er gemeint sein könnte. Warum hatte ihm das niemand gesagt? Der Staatschef schäumte. Der Theater-Intendant wurde sofort abgesetzt, ebenso das Stück; der witzige Dichter konnte seinen Kopf nur durch eilige Flucht nach Deutschland retten. Ich will nicht sagen, dass es bei uns in Afrika keine humorlosen Tyrannen gibt. Aber Autoritäten, zum Beispiel Bischöfe, die nicht tagelang lachend, tanzend und singend unter den Leuten sind, wenn die großen Feste gefeiert werden, sind in Afrika schlicht keine.

Den Klüngel haben nicht die Kölner erfunden

Typisch rheinisch-afrikanisch ist es 3., *ehrlich und berechenbar zu bleiben*. Man trägt das Herz auf der Zunge. Man ist geradeheraus. Man »klüngelt«. Dass diese typisch afrikanische Tugend in Köln erfunden worden sein soll, halte ich für ein Gerücht des Kölner Lokalanzeigers. Für Nichtafrikaner muss man erklären, dass »Klüngel« keineswegs etwas Böses ist. Manche assoziieren ja gleich die sizilianische Mafia damit; sie tun so, als handle es sich beim Klüngel um eine üble, halbkriminelle Verfilzung am Rhein, einen Geheimbund von Mauschlern, deren Arm vom Geißbock-Clubheim über den Weinkeller des Bürgermeisters bis in die Privatkapelle des Kardinals reicht. Daran ist alles falsch, außer, dass ein gescheiter Klüngel eine intensive, persönliche und dauerhaft verlässliche Verbindung von Menschen ist, die sich sonst nichts zu sagen hätten, weil sie ganz unterschiedlichen Berufen nachgehen und in ganz unterschiedlichen Milieus leben. Das ist herrlich! Das ist christlich! So halten wir es seit Jahrtausenden in Afrika und wären stolz auf unsere Meisterschülerin Köln, würde sie sich nicht die Erfindung des Klüngels anmaßen.

Kleine afrikanische Philosophie der Familie

Klüngel hat sehr viel mit Familie zu tun. *En jot afrikanisch Familisch* besteht aus Papa, Mama, Omas, Opas, Tanten, Onkels, einer ungewissen Anzahl von Kindern, Kindeskindern, Neffen, Großneffen, besten Freunden von Großneffen und besten Freunden der besten Freunde bester Großneffen sowie einer ebenfalls ungewissen Anzahl herrenloser Subjekte aus dem Tier- und Menschenreich. Kein Mensch weiß also genau, wer dazu gehört und wer nicht. Das hatten wir schon in der Lektion über die afrikanische Abneigung gegen Grenzen und Grenzziehungen. Wir sind gegen Abkapseln und Ausgrenzen. Wir sind für das

Grenzenlose. Gott ist auch grenzenlos. Also: Niemand weiß genau, wer dazu gehört und wer nicht.

Das ist auch nicht so wichtig. Hauptsache, man kennt sich und tut im Fall eines Falles alles füreinander. Wo es keinen »Klüngel« gibt, also außerhalb vom Rheinland und von Afrika, sind die armen Menschen darauf angewiesen, wildfremde Menschen mit den heikelsten Aufträgen zu bedenken und seine Flönz (»Blutwurst«) irgendwo zu kaufen. Dabei kann nichts Gutes entstehen. Gute Sachen kriegt man nur bei guten, vertrauenswürdigen Leuten. Und wo sind die? In der Familie!

Manchmal freilich ist es ein bisschen schwer, in der *Familisch* termingetreue Ergebnisse zu erzielen. Abends an der Theke kannst du von einem Kölner alles versprochen bekommen, und am nächsten Morgen fragt er dich dann mit großen Augen: Haben wir uns schon mal gesehen? Da hat er schon wieder alles vergessen. Das gibt es halt auch. Nehmen wir es positiv. Sie nehmen die Welt vielleicht nicht allzu ernst. Gut so.

Typisch rheinisch ist 4. die *Hilfsbereitschaft*. Sie ist einfach unglaublich. Die Hilfsbereitschaft der Rheinländer – die muss man erlebt haben. Bei den Rheinländern und nicht in akademischen Zirkeln habe ich erfahren, was Solidarität und Angenommenwerden ist, und sei es beim Feiern. Wat brauchste? So schnell schaut man nicht, steht schon das Gewünschte vor der Tür. Wenn man das Rheinland kennen lernen will, muss man in eine Kneipe gehen. Man kommt in eine solche Kneipe, sieht noch ein bisschen anders aus als der Durchschnitt der Bevölkerung, kennt keine Menschenseele, doch ehe man sich versieht, hat man schon Zugang zu allen. Jemand sitzt an der anderen Ecke der Theke und prostet dir schon mit einem Kölschglas zu, und schon funkt es. Das ist die unbeschwerte, leichte Seite, aber auf der anderen Seite braucht man beim Rheinländer nicht tief zu bohren. Sie sind echt – und letztlich verlässlich. Lebensfroh eben. Und wenn du unangemeldet vor der Tür eines Freundes stehst, bei Chiamaka und Chinedu oder bei Alfons, dann bist du willkommen und bekommst alles, was du brauchst. Das ist Soziallehre live, keine Theorie, aber viel Leben!

Alte Witze

Die Afrikaner sind Rheinländer oder die Rheinländer sind irgendwie Afrikaner. Das ist sogar bewiesen. Alle Menschen, sagen die Evolutionstheoretiker, stammen schließlich aus Afrika. Menschheitsgeschichtlich geht die ganze Welt vom afrikanischen Kontinent aus. Und beim Rheinländer merkt man das noch. Der hat sich etwas Ursprüngliches bewahrt. Dessen Seele ist noch echt. Beim Rheinländer merkt man überhaupt eine ganze Menge. Wenn man sich beispielsweise einfach mal die ganzen Witze anguckt, dann wird man schnell erkennen, dass auch die eigentlich alle aus Afrika kommen und also afrikanische

Witze sind. Die Kölner mussten immer lachen, wenn ich einem, der mir einen brandneuen Witz erzählen wollte, sagte: »Hör auf, den kenne ich aus Nigeria!«

Wir lieben das Leben

Afrika glaubt an das Leben, fördert das Leben, schenkt das Leben, erhebt das Leben, feiert das Leben, was verbunden ist mit Freude, mit verrückter, rauschhafter Lebensfreude. Denn wo Leben ist, da wird geplant und gestaltet, da wird geglaubt, da wird gefeiert, kurz: da wird nicht gezweifelt. Häufig musste ich mich in Deutschland mit Menschen auseinandersetzen, die mir sagten: »Ihr Afrikaner tänzelt über das Grauen hinweg!«, oder: »Ihr macht euch etwas vor! Ihr lacht immer nur und lügt euch über die falschen Verhältnisse hinweg!«

»Nein«, habe ich diesen Menschen oft gesagt, »ihr versteht uns nicht! Wir sind keine Nordnorweger, die sich täglich ihre Depression abholen müssen, sonst sind sie nicht unglücklich. Die Klimakatastrophe, Hunger und Aids, fundamentalistische Gewalt und ethnische Konflikte möchten wir mindestens so gerne aus der Welt schaffen wie irgendwelche Kommissionen in Brüssel und New York. Der Unterschied ist nur: Wir leben mittendrin. Wir können nicht warten, bis sich das Schicksal oder die Vereinten Nationen einmal erbarmen oder bis die Welt besser ist. Wir leben heute. Wir können an der Welt verzweifeln oder aber das Tiefste herausholen, was in unserer Seele ist. Das ist der Glaube, die Freude – was Sie wollen … Wir glauben – nein, wir wissen –, dass das Leben stärker ist als der Tod. Das gibt uns die Kraft, lebendig zu sein und lebenswertes Leben zu improvisieren!«

Selbstmord ist ein Fremdwort

Wo Leben ist, da wollen die Menschen trotzdem die ganzen schlimmen Schwierigkeiten des Alltags nicht leugnen. Aber sie bleiben bei den Problemen und Schwierigkeiten nicht hocken, sie kleben nicht daran. Ihre Seele und ihr Herz strebt nach Leben – nicht nach Sorgen. Afrikaner begehen keinen Selbstmord, jedenfalls ganz selten im Vergleich zu Europa. Sie werden es nicht glauben: In unserer Kultur ist *Selbstmord* ein Fremdwort. Man kann sich doch nicht umbringen! Das geht doch gar nicht! Das ist doch irre! Und auf diesen Import aus Europa oder Amerika wollen wir auch gerne verzichten. Sehr wohl gibt es Morde und Kriege, aber dass ein Mensch sich selbst das Leben nimmt, das ist nicht »original Afrika«. In keiner afrikanischen Kultur gehören Elemente aus der »Kultur des Todes« (Papst Johannes Paul II.) zum Lifestyle. Wie das kommt? Weil wir in Afrika so eine Art eigenes Dogma haben (wenn das der Papst wüsste!): Das Leben ist das

Zentrum der Gesellschaft und Gott ist Ursprung des Lebens. Alles andere ergibt sich.

Seid doch stolz auf euer Land!

Deutschland ist gesegnet, das kam mir vom ersten Augenblick an so vor. Ich dachte: Der liebe Gott muss eine besondere Vorliebe für dieses Land haben, dass er so viel materiellen Reichtum darüber ausschüttet. Irre ich mich oder habe ich Recht, wenn es mir in den letzten Jahren so vorkommt, als würde hier sehr viel gejammert und geklagt werden? Man sagt: »He, wie geht es dir?« – und der andere sagt: »Frag nicht!« Natürlich frage ich.

Also: Der Job ist unsicher, die Rentenaussichten bescheiden, die Beziehung nicht prickelnd, die Kinder gehen ihre eigenen Wege, an der Regierung sind die Falschen und die Leber ist auch nicht mehr das, was sie einmal war. »Jetzt erzähl mir doch mal was Schönes!«, versuche ich mein Gegenüber aus der Reserve zu locken. Der zuckt mit den Schultern.

Dann sage ich: »Pass auf, jetzt erzähle *ich* dir was Schönes: Du hast einen Job – und wenn du rausfliegst, wirst du nicht am Hauptbahnhof betteln müssen. Mit deiner knappen Rente könnte man in Nigeria einen ganzen Clan durchbringen. Deine Frau wäscht dir die Socken, kocht dir ein tolles Essen und hört dein Gejammere an. Deine

Kinder sind gut ausgebildet und liegen dir nicht auf der Tasche. Na gut – die Regierung! Aber sind die anderen besser? Warum lachst du nicht und bist fröhlich?« Also, ich finde: In Deutschland wird gejammert, dass es mir in den Ohren klingelt. Mein weißer Bruder Martin hat es auf den Punkt gebracht: Es ist »tiefes Jammern auf hohem Niveau«. Danke, Martin – das wollte ich sagen. Du nimmst mir das Wort aus dem Mund.

Eine Minute Nachdenken, bitte!

Ihr wisst ja gar nicht, welchen Reichtum ihr Tag für Tag genießt. Ihr wisst gar nicht mehr, was Krieg ist. Zum Glück. Seid dankbar dafür. Nirgendwo riecht es nach verkohlten Tieren und abgebrannten Hütten. Ihr könnt durch die Felder spazieren und braucht nicht auf Minen zu achten. An euren Haustüren klingeln nicht die falschen Leute; marodierende Mordbrenner kommen bei euch nicht vorbei. Krieg? Ein paar alte Leute erzählen noch davon, wie aus einer anderen, falschen Welt. Ihr habt Sicherheit, könnt einfach so auf die Straße gehen. Wenn ihr krank werdet, könnt ihr euch die Ärzte aussuchen. In den Kliniken sind die Betten schon gemacht, wenn ihr sie braucht. Wenn ihr arbeitet, habt ihr am Monatsende tatsächlich Geld auf dem Konto. Wenn ihr alt seid, bekommt ihr – es ist unfassbar – immer noch Geld! Regelmäßig.

Monat für Monat. Und sogar wenn ihr arbeitslos seid, was ein schlimmes Schicksal ist, bekommt ihr noch echtes Geld – ein bisschen wenig vielleicht aus eurer Sicht. Und es gibt sogar Leute, die sich darüber Gedanken machen, wie ihr wieder an einen Job kommt. Eure Kinder haben gut ausgebildete Lehrer. Nicht immer, ich weiß. Aber in der Regel schon. Wenn ihr Erwachsenen euch bilden wollt, könnt ihr aus tausend Angeboten wählen. Ihr könnt stricken lernen, euch an der nächsten Uni für Biophysik einschreiben oder das Brunftverhalten der Wale studieren. Ihr könnt reisen und euch die Welt anschauen. Wenn ihr von A nach B wollt, steigt ihr einfach in euer Auto und braust tatsächlich auf gut ausgebauten Teerstraßen durch die Republik. Ihr braucht keine Angst zu haben, dass ihr nach zehn Kilometern angehalten werdet, und irgend ein schlechtgelaunter, betrunkener Söldner schiebt den Lauf seiner Maschinenpistole durch euer Seitenfenster. Wenn man euch das Auto klaut, zahlt die Versicherung. Wenn es euch zu kalt ist, dreht ihr die Heizung hoch, und wenn es euch zu warm wird, schaltet ihr die Klimaanlage an. Und ihr habt immer noch so viel Geld, dass ihr die Nation seid, die das meiste Geld für Katastrophenhilfe und die Entwicklung armer Länder spendet.

Ich war so lange unglücklich,
bis ich einen anderen entdeckte,
der Grund dafür hatte.
Und der lachte.

Selbst wenn es nur die Hälfte wäre

Könnt ihr euch vorstellen, dass es ein Leben gibt ohne all das? Ich durfte eure Welt kennen lernen, und obwohl ich nie viel Geld hatte, fühlte ich mich in eurem Land wie ein König. Ich bin, wie gesagt, Sozialwissenschaftler – und als solcher muss ich sagen: Es ist einfach eine unglaubliche Leistung, wie klug und human eure Strukturen geschaffen wurden, angefangen von Bismarcks Sozialgesetzgebung im 19. Jahrhundert bis in die Gegenwart.

Wenn es da heute auch knackt und knirscht im Gebälk, so muss ich euch doch bitten: Nehmt das Erreichte nicht als selbstverständlich an! Seid auch dann noch zufrieden, wenn ihr einmal deutlich weniger haben solltet. Es kann eben nicht immer nur aufwärts gehen. Die Welt beneidet euch um euren humanen Fortschritt, das Level eurer Sozialleistungen. Selbst wenn es nur die Hälfte wäre, was euch geboten wird, so wäre es immer noch mehr als das, was 97 oder 98 % der Menschheit an Annehmlichkeiten hat.

German Tackle und andere Superlative

Und nun muss ich etwas bekennen: Ich liebe die deutsche Sprache, das deutsche Volk, die deutsche Geschichte, die deutsche Qualität, die deutsche Aufrichtigkeit, das deutsche Zeitverständnis, ja – da werden Sie staunen – sogar die deutsche Pünktlichkeit, die deutsche Verlässlichkeit. Und vor allem liebe ich den wachen Geist der Deutschen, der, wie mir scheint, bloß ein bisschen eingeschlafen ist.

In Nigeria gibt es drei Redewendungen unter den Leuten. Die erste ist: Wenn jemand ein Haus baut, fragt man: Hast du schon *german floor* erreicht? – was so viel heißt wie: Hast du dir auch ein gescheites Fundament leisten können? Die zweite wird beim Fußball verwendet, wenn jemand sehr stark ist und sehr gut Fußball spielt, er »gekickt« wird und nicht umfällt, dann wird er *german tackle*, deutsche Attacke, genannt. Drittens, egal, ob es sich um ein Flugzeug handelt oder jemand auf der Straße ein Auto fährt – das Gefährt wird *german* genannt, wenn es sich ersichtlich um echte Qualität handelt, aus welcher Weltgegend der fahrbare Untersatz auch immer herstammen mag. Autos, das sind für uns Afrikaner Volkswagen, BMW, Audi – und Mercedes ist dann die Krönung. Das sind die Wagen, die wir Afrikaner kennen.

Andere Marken sind zwar auch Autos, aber das sind Autos von geringerer und anderer Qualität. Und wenn man fragt: Was fährst du? – dann bekommt man die stolze Antwort: *German*. Das steht für Qualität. Und wenn eine Brücke gebaut wird, muss es, bitte schön, *german quality* sein.

Warum ich es toll finde, dass Immanuel Kant um 16:13 Uhr um die Ecke bog

Das sind drei Sachen, welche die Deutschen auszeichnen: Qualität, Verlässlichkeit, Pünktlichkeit. Apropos Pünktlichkeit: Wahrscheinlich halten mich meine nigerianischen Mitbürger für ziemlich »versaut«, weil ich es mir in meinen deutschen Jahren angewöhnt habe, einigermaßen zur vereinbarten Stunde am vereinbarten Ort zu sein. Ich musste mich in Innsbruck und Bonn wirklich erst darauf einstellen, dass jemand da ist, wenn er sagt, er ist da. Wie seltsam dachte ich anfangs – was für komische Leute!

Aber dann fiel mir zufällig eine Stelle aus der Ordensregel des hl. Benedikt in die Hände. Ich las: »Wir lassen die unpünktlichen Brüder bewusst auf dem letzten Platz oder abseits stehen, damit sie von allen gesehen werden, sich schämen und deshalb sich bessern!« Ja – ich gestehe: Ich schämte mich, immer der Letzte zu sein. Na ja, nicht wirklich, aber schon ein bisschen. Obwohl? Alle schauten mich an, wenn ich zur Tür hereinkam und mein charmantestes Lächeln aufsetzte. Irgendwann zog das nicht mehr. Gut, sagte ich mir, wenn es sogar der heilige Benedikt krass findet … Ich komme später darauf zurück.

Mit der Zeit fand ich es aber angenehm, mit einem Meeting oder einem Projekt zu einem Zeitpunkt schon fertig zu sein, wo wir in Nigeria noch gar nicht damit angefangen hätten. Man lernt nie aus. Als ich mich näher mit dem Philosophen Immanuel Kant auseinandersetzte, hörte ich eine Geschichte, die mir sehr gefiel. Kant machte jeden Tag am Nachmittag einen kleinen Spaziergang, ob es regnete, stürmte oder schneite. Dabei war er so pünktlich, dass die Leute die Uhren nach ihm stellten.

Ich glaube, dass das der Grund ist, weshalb die Deutschen in aller Welt für ihre Qualität, Exportfähigkeit, Wettbewerbsstärke und Nachhaltigkeit bekannt sind. Es kommt sicher, es kommt just in time und es kommt in bewährter Qualität – eben wie Kant immer um 16:13 Uhr um die Ecke bog.

Wenn Deutsche zu britisch werden

Die Welt außerhalb der westlichen Hemisphäre ist von permanenter Unsicherheit geprägt. Da zählen deutsche Tugenden in ganz anderer Weise. Vielleicht ist das wirklich ein Erbe von Immanuel Kant. In seiner Ethik bestimmte er das Gute als das, was um des Guten willen und aus Pflichtschuldigkeit heraus getan wird. Ob man dabei auch gut verdient, schön aussieht, hoch angesehen ist, das ist für Kant kein Kriterium. Das Gute muss einfach *getan* werden, weil das Gute verlangt, dass es gut vollbracht wird. Würde Kant heute leben, er hätte wahrscheinlich einen Job in der Qualitätssicherung bei Mercedes, Audi oder BMW. So zu denken wie Kant – das ist typisch deutsch. Die Engländer sind aus ihrer philosophischen Tradition da ganz anders aufgestellt: Gut, heißt es da, ist das, was nützlich ist; sie halten sich an das Nützlichkeitsprinzip. Das gefällt mir nicht. Profitdenken als ethische Grundlage, das erscheint mir kurzsichtig. Vielleicht sind viele Deutsche heute sehr britisch geworden. Zu sehr. Sie haben Kant und andere große Philosophen regelrecht vergessen. Schade. Und auch ein bisschen dumm, oder?

Unser Sprichwort lautet: *Man liebt einen anderen nicht, wenn man nichts von ihm annimmt.* Ich möchte Sie ermuntern: Versuchen Sie afrikanische Mitmenschen in Ihrem Umfeld einmal mit liebevollen Augen anzusehen. Sie sind anders. Aber in ihrer Andersheit liegt ihr Reichtum. Sie sind vielleicht spontaner, anspruchsloser, fröhlicher, kommunikativer, musikalischer – oder im Einzelfall auch wieder nicht. Ich bin mir sicher: Jede afrikanische Tugend ist wie ein Schlüssel, der Ihnen hilft, Ihr eigenes Potential an Leben zu entfalten. Wissen Sie, was das Gegenteil ist von »schwarzsehen«? Think black!

Mein tägliches Gebet

Ich verneige mich vor dem Heiligen in der Schöpfung.

Möge mein Geist die Welt schön und bewundernswert machen.

Möge mein Geist die Wahrheit in Demut und Gelehrsamkeit suchen.

Möge mein Herz grenzenlos vergeben.
Möge die Liebe für meine Freunde, Feinde und die Verworfenen maßlos sein.
Mögen meine Bedürfnisse wenige und mein Leben einfach sein.

Mein Handeln sollte meinem Glauben entsprechen.
Und mein Herz für die anderen schlagen.
Nie sollten meine Hände jemandem Schaden zufügen.
Meine Schritte sollten niemals den Weg der Gerechtigkeit verlassen.

Möge meine Zunge – ohne Angst vor den Mächtigen – für die Armen sprechen.
Mögen meine Gebete ungeduldig zunehmen, bis kein Kind mehr hungert.

Möge mein Lebenswerk zu einer Leidenschaft für Frieden und Gerechtigkeit werden.
Möge meine Seele immerfort über Gott jubilieren.
Möge meine Vorstellungskraft Tod und Verzweiflung mit einer neuen Möglichkeit überwinden.

Um Kindern Hoffnung zu bringen, will ich auf Aufsehen, Wohlstand und Sicherheit verzichten.

Meine Geschichte mit Afrika

In schwarzer Nacht, ein schwarzer Stein, eine schwarze Ameise, Gott sieht sie

Jetzt habe ich euch so viel gesagt über meine wilden, schönen Jahre in Deutschland. Nun erlaubt mir, noch ein bisschen eingehender von meiner persönlichen Geschichte, meiner Heimat und meinen Erfahrungen zu erzählen! Es sind zum Teil dramatische Erfahrungen, die mich zu dem gemacht haben, was ich heute bin: ein Priester, ein Mann, der für die Menschenrechte kämpft, ein Professor, der junge Leute im Glauben ausbildet, ein Mensch, der andere Menschen liebt und Gott immer besser zu lieben versucht.

Nigeria in Westafrika ist einfach riesig. Wenn der gesamte afrikanische Kontinent etwa eine Milliarde Menschen zählt, so ist jeder fünfte Afrikaner Nigerianer. Solche von meiner Sorte gibt es also in rauen Mengen. In Nigeria leben mehr Menschen als in den Ländern Benin, Kamerun, Senegal, Gambia, Liberia, Mali, Elfenbeinküste und Mauretanien zusammen.

Um das plastischer zu machen: Nigeria hat die Größe der Bundesrepublik Deutschland; aber dann müsst ihr noch Frankreich dazupacken und noch Lichtenstein und die Niederlande obendrauf. Das ist die Fläche. Um zum Beispiel vom Süden des Landes, von Port Harcourt an der Küste, in den Norden, nach Sokoto, zu fahren, braucht man zweieinhalb bis drei Tage. Manchmal muss man das Auto auf dem Kopf tragen – mit ein paar Leuten geht das zur Not wirklich! –, weil die Straßen zwar Straßen heißen, aber eigentlich für Fußgänger gemacht sind. Jedenfalls nicht für Autos. Bei uns sind die Straßen häufig die härtesten Teststrecken für Stoßdämpfer. Das ist meine Welt, eine schöne Welt, die Gott geschaffen hat, in der alle Menschen »Kinder Gottes« heißen sollen.

Wo ich geboren bin

Am 7. April 1956 wurde ich in einem Ort namens Gusau geboren. Gusau liegt im Wüstenbereich von Nigeria. Wenn ihr dabei an unerträgliche, am Horizont flimmernde Hitze, an Kamele und Karawanen denkt, liegt ihr gar nicht so falsch. Mein Stamm sind die »Igbo«; manchmal liest man in deutschen Zeitungen auch die Schreibweise »Ibo«. Zu dieser Volksgruppe gehören heute etwa 30 Millionen Menschen. Neben den Yoruba und den Hausa sind wir der wichtigste Stamm in Nigeria.

Ich könnte jetzt lange und stolz über mein Volk erzählen, das sogar einmal eine Geheimsprache namens »nsibidi« besaß, mit Zeichen, die den ägyptischen Hieroglyphen ähnelten; ich könnte erzählen von seiner Musik und seiner hochentwickelten Schnitzkunst oder von der ereignisreichen Geschichte, die manche sogar auf biblische Ursprünge und eine Herkunft zwischen Israel und Ägypten zurückführen. Ich könnte berichten vom Zusammenprall meiner Kultur mit Europa. Die Igbo waren lange das bevorzugte Objekt der Sklavenjäger. Igbo wurden gejagt wie wilde Tiere. Sie wurden nach Afrika und Lateinamerika verschleppt und wurden so zu Vätern und Müttern neuer Völker. Igbo-Sprache kann man heute sogar im Internet lernen, sie ist gar nicht so schwer: *»Ala Igbo di mma«* heißt beispielsweise: »Igbo-Land ist schön«. Von den Igbo erhielt ich den Ehrennamen »Obiora«; das bedeutet zum Beispiel: »Mond, der für alle scheint«. Es heißt aber auch: »Herzenswunsch erfüllt«. Mein Motto lautet: Allen alles sein. Sollte ich also meinem Namen nicht Ehre machen?

Mein Geburtsort Gusau ist eine der Hauptstädte der zwölf Bundesländer Nordnigerias, wo zurzeit eine ganz bestimmte Gesetzgebung herrscht, und zwar die *Scharia*. Ihr habt bestimmt von der Scharia gehört. Einem Mann, der beschuldigt wird, eine Ziege gestohlen zu haben, wird die Hand abgehackt. Ein anderer hat eine Kuh gestohlen und die Richter in Zamfara stellen ihm die Frage: »Mit welcher Hand hast du diese Kuh gestohlen?« Er sagt: »Eine Kuh packt man mit zwei Händen.« Jetzt läuft dieser

Mann ohne Hände herum. Wenn ich durch die Provinzen im Norden Nigerias reise, fallen mir immer wieder Jugendliche auf, denen einzelne Gliedmaßen amputiert wurden. International bekannt wurde der Fall von Amena Lawal. Amena Lawal wurde von ihrem Mann verstoßen. Jahre später wurde diese Frau schwanger. Das galt als Ehebruch – obwohl sie geschieden war. Sie sollte zu Tode gesteinigt werden.

Wie geht Steinigung?

Eine Grube wird ausgehoben. Dann gräbt man die Frau hüfthoch ein. Und dann bewirft man sie so lange mit Steinen, bis sie stirbt. Das Scharia-Gericht hatte die Steinigung beschlossen. Doch viele westliche Organisationen, darunter auch die HMK (»Hilfsaktion Märtyrerkirche«, eine tolle Organisation, die ich sehr unterstütze), liefen Sturm. Amena Lawals Leben konnte so gerettet werden. Diese Grausamkeiten sind Gesetz und man nennt das im Norden Nigerias »Rechtsstaat«. Und nicht nur dort. Es gibt eine starke Strömung unter einigen Moslemführern in Nigeria, die von Moslems aus anderen Ländern gesteuert wird und die vollkommene Islamisierung Nigerias zum Ziel hat. Erst kürzlich setzte eine Debatte ein, in der es darum ging, nun auch eine modifizierte Form der Scharia in den westlichen Teilen Nigerias, also Lagos,

Osun, Ondo, Oyo und Kwara, einzuführen. Die Gefahr ist akut und die Energien sind geweckt, Gründungs- und Propagandamaschinerie laufen. Es hilft nichts, wenn sich die Medien sensationslüstern auf einzelne Fälle stürzen. Die Scharia ist von Grund auf barbarisch und muss bekämpft werden. Menschenrechte sind von Gott gegebene Grundrechte, die von allen Menschen guten Willens verteidigt werden müssen.

Als kleiner Christ unter lauter Muslimen

In Gusau war es in meiner Kindheit eine große Seltenheit, ein Christ zu sein. Zu der Zeit, in der ich geboren wurde, gab es dort nur meine Familie und zehn andere Personen. Alle anderen waren Muslime. Ein Muslim war es, der mich als Baby oft getragen hatte. Ich durfte schon als Kind Arabisch lernen. Auf dem Schulhof der Koranschule und unter den Bäumen, überall, wo der Koran gelehrt wurde, saß ich bei einem Mann namens Mala Mohammed und lernte dasselbe wie meine muslimischen Freunde.

Die ersten zehn Jahre meines Lebens habe ich also in Nordnigeria verbracht. Das ist der Teil Nigerias, in dem überwiegend Muslime leben. Wenn ihr die Landkarte anseht, stellt ihr fest, dass die arabische Wüste und Nordnigeria dicht zusammenliegen. Immer schon kamen Händler, Geschäftsleute und Krieger zu uns herüber; sie brachten ihre Religion mit in den Norden unseres Landes, und so setzte sich der Islam dort fest.

Mein Weg führte mich dann nach Kano, nach Sokoto, nach Jos und nach Gombe, wo ich die Volksschule besuchte. Aus diesen Jahren kann ich eben auch einigermaßen Arabisch. Ich sage das nur, damit man weiß, was im Leben eines Menschen so vor sich geht.

Als Zehnjähriger auf der Flucht

Im Jahre 1966 mussten wir als Flüchtlinge innerhalb Nigerias fliehen. In Kano, wo wir in dieser Zeit lebten, wurden an einem Sonntag allein 30 000 Menschen mit Messern niedergemetzelt. In Europa liefen die Ereignisse unter dem Stichwort »Biafra-Krieg«. Was damals in Afrika geschah, gehört zu den schrecklichsten Ereignissen der Geschichte. Es gab damals noch kein Ruanda, noch kein Vietnam, aber es gab die Massaker von Biafra. Martin hat mir gesagt, wie die Bilder der Hungerkinder damals Europa überrollten und eine Welle des Mitgefühls auslösten. Vielleicht habt ihr mich schon einmal gesehen: Ich war *in* den Bildern, live, als Zehnjähriger. Für mich sind das nicht nur Bilder wie für euch. Für mich ist das ein Teil meines Lebens.

30 000 Menschen starben an einem Sonntag im Jahre 1966. Ein Krieg von mehr als drei Jahren folgte. Bilanz:

zwei Millionen tote Menschen. 80 Prozent davon Kinder. Schreit diese Zahl nicht noch heute zum Himmel? 80 Prozent Kinder! Die Bilder im Fernsehen zeigten die verhungernden Kinder. Dicke Bäuche, wie von einem, der sehr viel getrunken hat auf dem Münchner Oktoberfest. Das haben Kinder in Nigeria mit Beinen getragen, die so dünn sind, wie eines jener Mikrofone, die ich oft in der Hand habe, wenn ich zu Menschen spreche. So winzige Beine trugen einen Ballon von Bauch. Es gab einfach nichts zu essen. Wir blickten zum Himmel. Kamen denn keine Flugzeuge und Hubschrauber mit Essen? Meistens blieb der Himmel leer. Das Land war gleichsam kahl gefressen von hungrigen Menschen. Nur Staub und Dreck. Keine Proteine und keine Vitamine. Die Kinder starben in den Händen ihrer Mütter.

Warum habt ihr zugesehen?

Biafra hat die Weltöffentlichkeit nicht nur zu Tränen gerührt. Die Leute in aller Welt beteten und zeigten ihre Barmherzigkeit durch Spenden. Das Einzige, was fehlte, waren handelnde Politiker – Gott fürchtende, handelnde Politiker! Daran fehlte es, weiß Gott. Warum nur gab es sie nicht? Warum sahen diejenigen, die hätten handeln können, einfach zu, wie wir verreckten? Es passte nicht ins Kalkül. Es hätte die Budgets belastet. Es hätte zu diplomatischen Verwicklungen geführt. Auf so etwas sollte man keine Rücksicht nehmen. Mir geht es immer um das Leben. Das ist wichtiger als Taktik und Kalkül. Viel wichtiger. Und kostbarer als alles andere. Und was sind schon diplomatische Verwicklungen, wenn es um das Leben von Menschen, von Millionen Menschen geht?! Hätte es doch nur ein paar *gottesfürchtige* Männer und Frauen an den Hebeln der Macht gegeben, sie hätten Millionen das Leben gerettet. In der Not gibt es tausend Ausreden, warum man dem Schwachen gerade nicht helfen muss. Wo es aber Gott gibt, fliegen die Ausreden fort wie welke Blätter.

Die Zeit ist gekommen, dass wir in der Politik einen Platz für Gott schaffen, sonst bauen wir die Stadt ohne Gott. In der Geschichte vom Turmbau zu Babel ist beschrieben, was dann passiert. Alle naselang kann man auch in der Geschichte sehen, was Gottlosigkeit anrichtet, ob in Warschau, Hiroshima oder in Biafra.

Heute weiss man, was »Biafra« war

Viele meiner Freunde starben während des Biafra-Kriegs und nun sind wir dabei zu erforschen: Warum gab es überhaupt diesen Krieg? Allmählich entdecken wir: Der Biafra-Krieg war ein erster Versuch der systematischen Arabisierung und Islamisierung des Kontinents Afrika.

Wenn man eine Landkarte von Afrika anschaut, dann sieht man, dass der Norden und der Osten Afrikas muslimisch sind. Doch gerade die Länder Nordafrikas haben einen zutiefst christlichen Hintergrund, auch wenn die Welt sich angewöhnt hat, sie nur noch als muslimische Länder wahrzunehmen. In der Vergangenheit waren es diese Länder, von denen die großen christlichen Leitgestalten hervorgebracht wurden. Etwa Augustinus, der in Karthago lehrte und dessen Ideen für Luther so wichtig waren. Oder Tertullian und Clemens von Alexandrien und Hieronymus, der die erste Kirchengeschichte schrieb. Die großen Urväter, die starke Schriften über Jesus Christus verfasst haben, sie alle lebten in und kamen aus Nordafrika, das heute muslimisch ist. Das gesamte florierende Christentum musste verschwinden, damit heute in ganz Nordafrika der Islam herrschen kann.

Der Ursprung der Tragödie

Die Tragödie, dass eine ganze Region innerhalb weniger Jahrzehnte vollständig entchristlicht wurde, hat seinen Ursprung in den Jahren nach 600. Ein Mann namens Mohammed hatte Visionen von »Allah«; er baute ein religiöses Soldatentum auf und führte erfolgreiche Kriege mit den Nachbarn, um sie diesem Allah zu unterwerfen. So kam es, dass ganze christliche Landschaften von der

Landkarte getilgt wurden. Wahrscheinlich haben sich Europäer damals schon gedacht: eine innerafrikanische Geschichte! Mögen die sich doch die Köpfe einschlagen!

Doch die Eroberungslust der Muslime machte auch vor Europa nicht Halt. Die Hälfte Spaniens war Jahrhunderte lang islamisch bzw. islamisch besetzt. Bis heute sieht man an der Architektur Spaniens diesen Einfluss. Ja, die Muslime standen schon vor Wien und in Frankreich. Heute geht die islamische Expansion weiter. Sie geschieht im Moment im Kontext jener wirtschaftlichen und kulturellen Verflechtungen, die wir Globalisierung nennen. So kommt es, dass Muslime mitten in Rom eine Moschee bauen können, die anfänglich höher sein sollte als der Petersdom. Erst als einige Kardinäle aufgewacht sind, konnte erreicht werden, dass diese von Saudi-Arabien finanzierte Moschee kleiner sein würde als St. Peter.

Nicht die Religion ist böse, sondern eine Politik, die sie für ihre Zwecke instrumentalisiert

Drei Jahre bin ich in meinem Leben mit meiner Familie Flüchtling gewesen, bin hungernd herumgeirrt. Drei Jahre lebten wir in Flüchtlingslagern, weil man uns islamisieren wollte. Eines habe ich für immer verstanden. Man wollte uns nicht islamisieren um des Islams willen, man wollte uns islamisieren um eines politischen Islams willen. Oft wird ja die Religion für politische Zwecke instrumentalisiert. Auch im Islam gibt es gewissenlose Menschen, die den Glauben missbrauchen, um damit politische Ziele zu verfolgen, und Hass und Gewalt predigen.

Und wenn man sich in Westeuropa umschaut, ist es nicht anders. Nach dem 11. September, dem Terroranschlag auf New York, und nach furchtbaren Anschlägen in Europa begreifen die Europäer vielleicht endlich, dass diese machtvolle Welle missbrauchter Religion die größte Herausforderung des 21. Jahrhunderts ist. Der billige Spaß wird nicht vorübergehend unterbrochen; mit der oberflächlichen Spaßgesellschaft ist es definitiv vorbei. Wir müssen neu unsere Werte entdecken und bezeugen. Wer kann am besten und tiefsten Werte begründen wenn nicht die christliche Religion? Wenn wir nicht aufpassen, dann zieht man uns den Teppich unter den Füßen weg – und dann stehen wir da, ohne etwas in der Hand zu haben. Deshalb, liebe Christen, gilt heute: Farbe bekennen!

George Bush, die »umma« und Nigeria

Seit dem Jahr 2000 wurden in Nigeria mehr als 11 000 Menschen in den frühen Tod geschickt. Der Grund: Islamische Randaliererei bei uns in Kano, in Sokoto, in Katsina. Das schlimmste Massaker fand mitten in Nigeria statt, in der Stadt Jos. An einem Wochenende sind 3000 Menschen umgebracht worden. Warum? Nun, die Muslime sagten: *»George Bush macht einen Krieg in Afghanistan, er sucht einen Menschen namens Bin Laden, der in den USA eine Bombe geworfen hat. Wenn er Bin Laden sucht und einen Krieg in Afghanistan macht, ist das automatisch ein Krieg gegen die nigerianischen Muslime, weil wir alle zu der islamischen umma gehören.«* Die ›umma‹, das sind alle, die an Allah glauben.

Und so gehen Muslime in Nigeria auf Christen los, wenn irgendwo auf der Welt Muslime angegriffen werden. Man sagt sich: Die Amerikaner sind Christen, sie töten unsere Brüder in Afghanistan, also töten wir Christen in Nigeria. So schrecklich einfach ist das oft. Und dann kommt es zu Massakern und Vertreibungen. Ganze Dörfer mit Christen werden gezwungen auszuwandern.

Wir nehmen den Krieg nicht an

Den Islamisten wäre es wahrscheinlich am liebsten, wir würden zu den Waffen greifen und einer wie ich würde sich vor seine Leute stellen und sie in den Krieg peitschen. Diesen Gefallen werden wir ihnen nicht tun. Die geflüchteten Christen leben jetzt bei uns im Süden und wir tun alles, um ihnen einen neuen Start zu ermöglichen. Um zu helfen, haben wir ein Kleinkreditprogramm gestartet. Besonders die Frauen sind sehr tüchtig. Auch die Männer sind tüchtig, doch oft nehmen sie das Geld und vertrinken es. Also bekommen die Frauen die 100 oder 200 Euro; sie investieren sie in ein eigenes Geschäft und zahlen ihren Kredit pünktlich zurück. Dadurch können andere Frauen Kredite bekommen und so fort. Wir müssen diesen christlichen Flüchtlingsfamilien helfen, sonst tut es keiner: Familien, die durch mordende Muslimmilizen alles verloren haben, Familien, die um ihre Mütter, Väter oder Kinder weinen.

Die in den Gefängnissen sind eure Schwestern und Brüder!

Wenn in Guantanamo Gefangene gefoltert werden, geht das durch alle Zeitungen der Welt, und zwar vollkommen zu Recht. Von den Gefängnissen in Nigeria liest man nichts. Kann es denn sein, dass niemand uns sieht? Hat die Welt uns vergessen? Sind wir Gott aus dem Blick geraten? Da braucht man einen starken Glauben – am Ende muss man sich an dieses afrikanische Sprichwort erinnern: *In schwarzer Nacht, ein schwarzer Stein, eine schwarze Ameise, Gott sieht sie.* Ja, Gott sieht sie, meine kleinen Freunde und Freundinnen in den Gefängnissen von Nigeria. Darf ich euch von einem besonderen »Hobby« von mir berichten? Ich mache Gefängnisseelsorge.

Bitte, hereinspaziert, werft ruhig einmal einen Blick herein: Die Zustände in unseren Gefängnissen sind kaum zu beschreiben, so hässlich und furchtbar sind sie. Es gibt kein Wasser. Manche leiden unter Austrocknung. Einmal haben wir einen Tankwagen für ein Gefängnis spendiert, damit die Gefangenen wenigstens trinken können. Bald waren die Reifen durchstochen und die Gefangenen mussten sich wieder das bisschen Wasser teilen, das durch Regen und Kondensation aufgefangen wird. Es gibt höchstens einmal am Tag zu essen. In einem kleinen Raum von 6 x 12 Metern liegen 50, 60, manchmal 70 Männer, viele von ihnen sind noch Jugendliche. Sie schlafen dort, essen dort, trinken dort, scheißen dort. Sorry, ich muss das so drastisch sagen. Alles findet im selben Raum statt.

Seit wann bist du hier?

Da ich der Leiter der Gefängnisseelsorge für Nigeria bin, kann man mich nicht ohne weiteres am Tor des Zentralgefängnisses von Enugu abweisen. Ich stehe also mitten im Raum, mitten in bestialischem Gestank, mitten unter den jungen Leuten und frage: »Wie viele sind krank?« Einer der Wächter nickt, die Gefangenen dürfen also antworten. Fünfzehn heben die Arme. »Was hast du?« – »Tuberkulose.« – »Wie viele haben Tuberkulose?« Dieses Mal gehen acht Arme in die Höhe. »Was habt ihr noch?« – »Magenprobleme. Kreislaufprobleme.« Die Wachleute kennen mich und wissen, dass ich immer wieder und immer weiter frage. Und sie wissen, dass ich wieder komme – am nächsten Sonntag zum Beispiel, um mit allen, auch den Nicht-Katholiken, die Messe zu feiern. »Wer ist länger als fünf Jahre hier?« Es sind einige. »Wer ist hier ohne Verfahren, ohne Urteil?« Sieben Gefangene melden sich. Einen Gefangenen, den ich persönlich kenne, spreche ich direkt an: »Sag mir, warum bist du hier!« – »Ich bin von Polizisten auf der Straße angehalten worden. Sie wollten Geld von mir.« – »Wie viel Geld?« – »Sie wollten 10 000 Naira. Sie sagten, wenn ich nicht bezahle, verhaften sie mich wegen Diebstahls. Ich konnte nicht bezahlen. Meine Freunde haben sie gehen lassen, als sie bezahlt haben, mich haben sie mitgenommen.« – »Und dann? Gab es ein Verfahren?« – »Nein, es gab kein Verfahren. Die Polizisten gingen zu meinem Vater und verlangten noch mehr Geld. Und der Staatsanwalt verlangte Geld, damit er an dem Verfahren teilnimmt. Mein Vater hatte das Geld nicht. Es gab kein Verfahren.« – »Seit wann bist du hier?« – »Seit acht Jahren.« Karl Hafen und Walter Flick, zwei Freunde von der großartigen deutschen Sektion der »Internationalen Gesellschaft für Menschenrechte« (IGFM) waren dabei und können bezeugen, dass es sich so verhält. Auch Martin Chinedu hat es erlebt. Nie habe ich ihn so schockiert und sprachlos erlebt wie hier in diesem Raum. Aber auch nie so entschlossen, gegen Ungerechtigkeit und Menschenverachtung zu kämpfen. Dennoch hat er versucht, den Gefangenen Mut zu machen. Mein weißer Bruder!

Die Lästerer

Welch eine Aufregung gab es um die Mohammed-Karikaturen in einer dänischen Zeitung! In Kommentaren wurde immer wieder geschrieben, dass man wohl nur nach einem Anlass gesucht habe. So ist es. Im Gefängnis von Kano ist ein junger Mann enthauptet worden, er hieß Akaluka. Was ist passiert? Nun, Akaluka wurde beschuldigt, sich mit einem Stück Papier aus dem Koran den Hintern abgewischt zu haben. Entschuldigung für den Ausdruck. Natürlich war nicht das Geringste an der Sache. Aber man hat ihn mal eben geköpft. Das war nur ein Fall, der in die Öffentlichkeit kam. Wir haben dann gebohrt und festgestellt, dass es Dutzende Fälle gab und gibt, in denen Christen im Gefängnis sitzen, weil ihnen irgend eine Allah- oder Koranlästerung zur Last gelegt wird. Wir versuchen zurzeit, diese Fälle zu registrieren und für die Christen Anwälte oder Kautionen zu besorgen. Das kostet sehr viel Geld und wir sind dankbar für jede Hilfe.

Die in den Gefängnissen sind eure Brüder und Schwestern! Denkt bitte an den heiligen Paulus, denkt an Petrus, denkt an Jesus Christus selbst. Jesus war ein Gefangener von Gründonnerstag bis Karfreitag, also 24 Stunden. Seine Gefängniszeit war kurz. Paulus war viele Male im Gefängnis, aber er hat sich oft herausreden können. Denn er war römischer Bürger, er war Jude, er war Grieche, er war alles, er war ein Kosmopolit. Paulus war auch ein guter Rechtsanwalt, er konnte sich selbst verteidigen. Er hat selbst gesagt: »Bis ich vor dem Kaiser stehe, möchte ich nicht aufgeben. Ich muss kämpfen.«

Die Ältesten der zum Tode verurteilten katholischen Häftlinge haben mir einmal einen Brief geschrieben, der einiges verdeutlicht. Ich will ihn hier dokumentieren:

c/o The Deputy Controller of Prisons
Nigerian Prison Services
P.M.B. 1062
Enugu

1. Juni 1995

Sehr geehrter Herr Pfarrer,

wir, die Ältesten der zum Tode verurteilten katholischen Häftlinge, haben beschlossen, Ihnen zu schreiben und Ihnen sehr für Ihre Werke der Barmherzigkeit zu danken für die Häftlinge des Gefängnisses in Enugu und vor allem für die zum Tode Verurteilten im Kerker. Wir vertrauen darauf, dass der allmächtige Gott und Sie uns nicht abgewiesen haben, auch wenn die ganze Welt es getan hat. Ihre Tätigkeit im Gefängnis beweist, dass sich der Allmächtige Ihrer bedient, um Leben zu retten und den Armen und Schwachen zu helfen.

Wir haben erfahren, wie stark Sie sich 1992 für die zum Tode Verurteilten eingesetzt haben, aber dennoch hat die damalige Regierung 1994 an einem einzigen Tag 38 unserer Brüder hingerichtet. Wir beten für Freiheit und die Erlösung aus dem Kerker.

Wir möchten Sie an einen unserer geliebten Brüder erinnern, der hier unter dem Namen Bruder Joseph Anaba bekannt ist. Dieser Mann ist unser Führer und Aufseher. Er stammt aus dem Staate Abia. Es ist sein 14. Jahr hier im Gefängnis und sein 12. Jahr im Block der zum Tode Verurteilten. Er wurde des Mordes beschuldigt. Er ist ein Schulleiter. Sein Fall war nahezu neun Jahre lang bei der Begnadigungskommission anhängig. Wir bitten Sie inständig, etwas für ihn zu tun. Er wurde 1990 zu zehn Jahren verurteilt, doch der Gouverneur versäumte es, das Dokument zu unterzeichnen, bevor die Rechtssache an einen anderen Staat verwiesen wurde. Er hat gute Chancen entlassen zu werden, doch er ist noch immer mit uns im Kerker. Wir haben diesen Familienvater als Beispiel benutzt; viele unter uns sind in der selben oder ähnlichen Lage.

Wir bitten Sie daher, Ihre Werke der Barmherzigkeit auch auf andere Gebiete Nigerias auszudehnen. Viele unter uns sind seit vielen Jahren im Block der zum Tode Verurteilten inhaftiert. Wir teilen Ihnen mit, dass viele unter uns ihr niederträchtiges Leben bedauern und bereuen und sich Gott dem Allmächtigen unterworfen haben.

Von nun an werden wir niemanden mit menschlichen Maßstäben messen; wenn wir auch früher nach menschlichem Ermessen mit Christus vertraut waren, kennen wir ihn jetzt nicht mehr in derselben Weise. Jeder, der in Christus lebt, wird neu geschaffen: der alte Mensch ist vergangen, und ein neues Wesen ist geboren. Alles ist Gottes Werk, er hat uns mit ihm durch Christus versöhnt und er gab uns das Amt der Versöhnung. Gott hat durch Christus die Versöhnung mit der Welt hergestellt und warf keinem seine Fehler vor, sondern er betraute uns mit der Botschaft der Versöhnung. Aber die Welt hat nicht davon gehört. *Wenn man uns eine neue Chance gibt, werden wir ein besseres Leben führen.*

Wir bitten mit diesem Brief um Ihre freundliche Hilfe für die Rettung unserer Leben.

Gezeichnet: (8 Häftlinge)

Du heisst jetzt nicht mehr Abraham

Aufgrund eines islamischen Überlegenheitsgefühls zwingt man christliche Gefangene im Norden des Landes, Muslime zu werden. »So«, sagt man, »du heißt jetzt nicht mehr

Josef, sondern Isa«, oder »du bist jetzt nicht mehr Abraham, sondern Ibrahim.« So einfach geht das. Wir haben uns vorgenommen, diese Glaubensgefangenen zu unterstützen, wo wir können.

Ich würde es euch wünschen, ihr könntet einmal eine Stunde in einer solchen Zelle stehen, in der tropischen afrikanischen Hitze, nehmen wir an, es sind gerade gute 40 Grad Celsius. Die Luftfeuchtigkeit ist hoch in der Gegend. Nigeria hat – weil die Sonne immer scheint – fünf Vegetationszonen und diese jungen Menschen im Gefängnis kriegen eine Stunde pro Tag Sonnenschein. 23 Stunden sitzen sie in diesem stickigen, dunklen, überhitzten Raum. Viele von ihnen sind Menschen, die ohne Schuld sind und willkürlich im Gefängnis sitzen. Du heißt Abraham oder Josef, mit diesen christlichen Namen bist du ein Gauner, ab ins Gefängnis. Die Polizisten im Norden sind Muslime, die Militärs sind Muslime und die Richter auch. Und in so einem Land sollen wir auch noch Dialog führen? Wir wissen um die Herausforderungen.

Auf alle Fälle wollen wir solche jungen, unschuldigen Menschen aus den Gefängnissen herausbringen. Es ist oft möglich, dass wir einen Menschen für 200 Euro aus dem Gefängnis einfach freikaufen können. Ein Gefangener musste sieben Jahre in diesen Rattenlöchern zubringen, bis seine Familie die 200 Euro zusammenhatte und er endlich nach Hause durfte. Sieben Jahre eingesperrt für nichts. Der Gefängnisdirektor von Enugu sagte uns: Wir haben 900 Gefangene, aber nur 80 davon haben ein

Gerichtsverfahren hinter sich. 820 haben noch nie einen Richter gesehen. Und einige von ihnen sitzen seit neun Jahren im Gefängnis, andere acht Jahre, andere zehn Jahre.

Trotzdem diese ansteckende Freude

Das ist nicht das ganze Afrika. Afrika ist gut, Afrika ist bunt. Es hat nicht nur Schwarz und Weiß, es trägt viele Farben. Trotz unserer schwierigen Situation können wir Afrikaner lachen. Wir lachen, bis alle angesteckt sind, und wir können mitlachen. Die Kirchen sind froh und überfüllt. Jeden Sonntag kommen allein 2000 Menschen nur zu mir in den Gottesdienst. Und sonntags haben wir sieben Messen. In die anderen sechs kommen jeweils mehr als 1000 Gläubige. Das ist Freude. Es gibt noch andere Freuden. Etwa die Familie. Oder dass man als Christ sein Christsein auch durch das Martyrium nicht aufgibt.

Wege aus der Krise

Wenn man den Weg verliert, lernt man ihn kennen

Wenn ich heute durch mein geliebtes Deutschland reise, dann erzählt mir jeder Dritte: Dieses Land ist ein Land in der Krise! »Aha«, sage ich, »und woran merkt man das?« Es ist alles sehr hart geworden, sagen die Leute dann. Jeder muss um seinen Job kämpfen und Angst haben, ob er ihn morgen noch hat oder ob man ihn durch einen jüngeren, billigeren Mitarbeiter ersetzt. Ich begegne immer mehr Menschen, die mir erzählen, wie schlecht man sie behandelt hat, wie wenig man sie respektiert und wie viel Mobbing es in Deutschland gibt. Überall. In den Medienhäusern, in den großen Banken, in den kleinen Banken, in den Unternehmen, ja selbst in der Kirche. Mir hat ein guter Freund einmal erzählt, dass der Trend zur Herzlosigkeit und das kalte Gehabe vor keiner gesellschaftlichen Gruppe mehr Halt machen, ja auch die Kirche voll erfasst haben.

Nun ja – die Kirche; sie ist in Deutschland auch ein großes Unternehmen. Ich habe das aus der Distanz meiner Erfahrungen immer mit gemischten Gefühlen betrachtet. Wenn diese Kirche nicht so überaus gut organisiert wäre, könnte sie nicht diese hocheffiziente Hilfe leisten, von der wir in Afrika so viel profitiert haben. Andererseits: Der Generalvikar der Diözese Köln muss Chef von 45 000 Arbeitnehmern sein. Da läuft es mir offen gestanden kalt den Rücken herunter. Nein – ich kritisiere das nicht. Als Konzernchef *muss* er sich wahrscheinlich um Tarifpolitik, Ausbildungsordnungen, Disziplinarfragen, Rentenfonds, Arbeitsplatzabbau und Gleichstellungsanträge kümmern. Solche Probleme habe ich als Generalvikar meiner Diözese nicht. Wir kennen kein System, bei dem der Staat die Kirche finanziert mit den Steuern, die die Kirchenmitglieder zahlen müssen. Bei uns ist Kirche Kirche. Sonst nichts. Ich könnte kein Priester sein, wenn ich Geld vom Staat bekäme. Ich möchte eigentlich von niemandem abhängig sein – außer von Jesus. Aber der lebte auch nicht vom deutschen System. Also: In Deutschland ist die Kirche eine große Firma.

Sagen wir mal: die Firma Jesu. Und in dieser Firma geht es zu wie bei General Motors. Meine Diözese ist wahrhaftig auch kein kleiner Laden; sie ist vielmehr eine der größten auf der ganzen Erde. Das wenige, was wir an materiellen Mitteln haben, wird von ein paar Leuten verteilt.

Kein Priester hat ein festes Einkommen, von Rente ganz zu schweigen. Ich sage nicht, dass dieses andere Extrem gut ist. Aber ich sage: Was an Leben da ist, findet statt, weil es die Menschen mit ihren armen Möglichkeiten so wollen, weil sie sich immer wieder dafür entscheiden: Das machen wir. Das halten wir irgendwie am Leben. Und wenn es nicht mehr sinnvoll läuft, lässt man die Initiative eben fallen und wendet seine Kraft einem anderen Projekt zu.

Eines ist mir klar – ob in Köln oder Enugu: Wenn ein Laden von der Kirche betrieben wird und unsere »Gerechtigkeit nicht weit größer ist« (Mt 5,20) als die der Karrieristen und Manager in normalen Unternehmen, sollten wir uns dem lieben Gott nicht unter die Augen trauen. In der Kirche – mindestens dort – muss es gerecht zugehen. Eigentlich. Aber eine kleine Frage an das imponierende Gebäude der katholischen Kirche in Deutschland möchte ich mir doch erlauben: Wenn hier das Evangelium Jesu den kleinen Leuten weggenommen wird, wenn es sozusagen in einen Businessplan übersetzt, in Achtstundentage und Fünftagewochen heruntergebrochen und durch Spezialisten verwaltet wird und man es schließlich mit gestaffelt honorierten Gehaltsempfängern hinterfüttert hat – wie kann es dann anders zugehen als bei General Motors in der Betriebsversammlung? Müssen dann die Dienerinnen und Diener Jesu nicht zu den Ellbogenkämpfern, Lord-Siegel-Bewahrern, Büroschläfern, Wichtige-Papiere-Produzenten, statistikvergleichenden Bedenkenträgern,

Herrschaftswissenverwaltern, zu cleveren Marketing-Gurus, Lohnerhöhungsvorkämpfern und ganz gewöhnlichen Büroleuten mutieren, wie man sie überall im produzierenden Gewerbe findet?

In meinem Herzen ist die Kirche eine Lebensbewegung.

Die Kirche ist Begeisterung
oder besser gar nicht.
Sie ist Liebe
oder sie kann gehen.

Es fällt mir schwer, mit einer professionalisierten Kirche umzugehen. Aber – wie gesagt – in mir ist ein Zwiespalt: Ich habe sehr wohl erfahren, wie hilfreich und effizient ein solcher Apparat sein kann.

Nur noch Rädchen im Getriebe

Wenden wir unseren Blick wieder von dem Unternehmen Kirche ab. Das Problem scheint ja zu sein, dass die Menschen sich in den großen Unternehmen nicht mehr wie Menschen behandelt fühlen. Dass sie Rädchen sind, sich herumgestoßen und ausgequetscht fühlen. Eines Tages wirft man sie weg. Mir kommt diese Erfahrung sehr bekannt vor. Hier wiederholt sich im Kleinen, was ganzen

Nationen auf dieser Erde widerfuhr. Wir waren und sind so lange interessant, wie wir Rohstoffe hatten oder haben, schöne Küsten zum Baden, Wildparks für Nobel-Resorts, Mädchen zum Kaufen für die Nacht, und ganz am Ende: Abnehmer für billige chemische Drogen. Was will ich damit sagen? Ich will sagen: Wir Menschen in Afrika und Europa sitzen wieder einmal in einem Boot, während wir noch vor ein paar Jahren glaubten, uns trennten Lichtjahre voneinander. Die Welt wird zunehmend von anonymem Geld regiert, von steuerlosem Kapital, von blutsaugerischen multinationalen Unternehmen, die Länder genauso zugrunde richten wie Menschen. Überall wird das Kleine, Kostbare, die intakte Lebenswelt zerstört. Eine neue Form von Sklaverei hat längst auch die Menschen in Europa und Amerika erfasst.

Ich sehe in diesen Fragen der Globalisierungsfolgen mit einiger Hoffnung nach Deutschland. Die Welt wird neue Standards ethischen Wirtschaftens erarbeiten müssen – und darin wart ihr Deutschen immer schon gut. Ich denke an Oswald von Nell-Breuning, vor allem aber an Joseph Kardinal Höffner, und an andere Denker, die Einfluss auf die Politik hatten. In den nächsten zwanzig Jahren wird sich entscheiden, ob wir menschliche Schutzräume schaffen, oder ob wir die Definition dessen, was man Menschen zumuten darf, nurmehr dem frei flottierenden Kapital überlassen wollen.

Bei uns in Afrika stellt sich die Überlebensfrage jedoch weitaus radikaler. Dort überlebt nur, wer gut *vernetzt* ist, wer Kinder, Verwandte und Freunde hat, wer in einer Kirchengemeinde zu Hause ist, wer sich mit anderen zusammentut und gemeinsam mit ihnen ein Gewerbe im Windschatten der Großen betreibt. Vielleicht wird einmal das System »Netzwerk«, das nirgendwo so entwickelt ist wie in Afrika, das große Geschenk des Schwarzen Kontinents an die Menschheitsfamilie sein.

Martin und Heike haben mir erzählt, dass es auch bei euch schon vielfältige Vernetzungen auf kleiner und mittlerer Ebene gibt. Weil man nicht weiß, was in der Wurst aus dem Supermarkt ist, geht man lieber zum Metzger oder Bauern, den man kennt. Junge Eltern, die sich kennen, passen gegenseitig auf die kleinen Kinder auf. Die größeren Kinder schickt man nicht gerne in staatliche Schulen, weil man nicht weiß, ob man sie dann am Ende noch wiedererkennt; man schickt sie in kirchliche Schulen, die sich nicht vor Anmeldungen retten können. »Vertrauen« wird zum Schlüsselwort.

Wo die globale Welt immer unübersichtlicher, aggressiver und menschenfeindlicher wird, bilden sich Netzwerke auf mittlerer Ebene, in denen Individuen aufgehoben und geschützt sind.

Denke ich im Ganzen an Deutschland, so sage ich mir: Ich sehe viel zu viele Leute, die allein sind, allein leben, sich allein nach vorne kämpfen, keine Kontakte haben, keine Freunde, keine Kinder, keine Verwandten. Kein Netzwerk. Warum? Warum ist eine Single-Gesellschaft in irgendeiner Weise erstrebenswert? Was ist daran schön?

Welche Vorteile hat man von ihr, wenn es hart auf hart geht? Wenn man alt wird? Wenn man Angst hat? Wenn man weinen möchte? Wenn man lachen möchte?

Bunte Glasperlen

Uns in Afrika haben schon so viele Menschen den Weg gezeigt. Und sie haben uns immer erklärt, sie wüssten ganz genau, wo er langgeht. Sie brachten uns Rezepte und Anordnungen. Bildung enthielten sie uns vor. Sie traten als Freunde und Gönner auf – in Wahrheit spionierten sie, wo es was zu holen gab. Die mächtigen Kolonialherren zum Beispiel wussten, was gut für uns »Bimbos« war. Sie hatten ein gewisses Interesse an unseren Bodenschätzen und wussten, dass wir uns angeblich für nichts so sehr interessierten wie für Glasperlen und Reinigungsarbeiten auf der Lodge. Oh, wir waren gutes Menschenkapital. Schreckliches Wort, oder? Wir waren so wunderbare Arbeitskräfte. Und wir waren so gehorsam. Ein richtiger Schatz für unsere Besitzer. Man musste nur mit den Fingern schnippen, dann kam der Drink. Und all das, was sie uns zeigten, schauten wir mit großen weißen Augen an: Maschinen, Fahrzeuge mit Motor, Sklavenhandel. Ja, und erst das Geld. Übrigens: Noch vor wenigen Jahren gab es einen hoch bezahlten deutschen Prälaten, der regelmäßig zu uns kam und den kleinen netten schwarzen

Kinderlein bunte Perlen mitbrachte. Kofferweise. Rosenkränze auch. Nun gut. Der ist jetzt auch klüger.

Unsere Besitzer sind längst wieder weg. Sie haben viel hinterlassen. Grenzen zum Beispiel. Manche sind so gerade, dass man noch sehen kann: Da hat jemand in Paris, London oder Berlin mit dem Lineal auf der Landkarte gezeichnet. Wichtig waren nicht die ethnischen Gruppen und deren Heimat, sondern zum Beispiel die Kohle in der Erde. Das interessierte die Briten bei uns. Enugu, meine Stadt, die in wenigen Jahren von einem Dorf, das wir noch vor einem halben Jahrhundert waren, zur Millionenmetropole heranwuchs, liebten die Briten sehr. Es war ihre Kohle-Stadt. Viele Gebäude erinnern noch heute daran. Bloß die Sache mit dem Linksverkehr, die haben wir nicht behalten. Wir fahren inzwischen auf der richtigen Seite. Unseren Weg suchen wir noch immer.

Wenn man den Weg verliert, lernt man ihn kennen, sagen wir. Wir sind eine junge Nation. Bevormundungen lehnen wir ab. Neue Wege bahnen wir mühsam. Dabei ist die Kirche langsam in den Fokus des Interesses gerückt. Hier wissen die Menschen: Denen geht es nicht um die Kohle. Denen geht es um den Menschen. Darum platzen unsere Priesterseminare aus allen Nähten. Darum haben wir so viele tolle junge Frauen in den Ordensgemeinschaften. Sie gehen in die Dörfer und die Leute wissen: Die nehmen uns nichts weg. Die bringen: Bildung, praktisches Überlebens-Know-how, Gesundheit, Glauben. In den Dörfern wächst ein neuer Weg, ein überschaubares

Miteinander, ein Raum gegenseitiger Hilfe. Die Kirche verkauft keinen Klimbim mehr.

Nur Beziehung hilft weiter

Ist das nicht wie in Deutschland? Irgendwie schon. Ihr sucht den Weg doch auch seit vielen Jahren. Ihr werdet euch auch vom Klimbim verabschieden, vermute ich. Vom Klimbim kann man nicht leben.

Wir Menschen leben durch Beziehung, durch wechselseitiges Vertrauen. Kinder gehen los wie Raketen, wenn man sie mit guten Augen ansieht. Jugendliche können sich entwickeln, wenn man ihnen Mut macht und ihnen unerschütterliches Vertrauen entgegenbringt. Sterbende sind getröstet, wenn man ihnen liebevoll mit der Hand über die Stirn streichelt. Das Geheimnis heißt »echte Beziehung«. Echte Beziehung, an der man hart arbeiten muss, trägt uns durch alle Krisen, seien sie lokal oder global, in Deutschland oder in Nigeria.

Als Priester sage ich Ihnen: Sie leben letztlich durch die Beziehung zu Gott. Wenn er Sie fallen ließe, hätten Sie wirklich keinen Boden mehr unter den Füßen. In der Predigt bei seiner Amtseinführung hat Papst Benedikt XVI. ausgerufen: »Wir sind nicht das zufällige und sinnlose Produkt der Evolution. Jeder von uns ist Frucht eines Gedankens Gottes. Jeder ist gewollt, jeder ist geliebt, jeder ist gebraucht.« Das ist *Beziehung!* Wer darauf baut, hat ein ganz praktisches Lebensprogramm:

Zeige jedem,
der in deine Nähe kommt,
dass er gewollt ist,
dass du ihn liebst,
dass du ihn brauchst,
dass er da ist.

Das ist der Weg. Dass man sich auf dem falschen Weg befindet, muss man erst einmal merken. Und wenn man es gemerkt hat, dann fängt man sehr genau an, den richtigen Weg zu suchen. Ziemlich einfach, oder? Nein. Denn das Schwierigste ist erst einmal der Mut zum Eingeständnis: He, wir sind auf dem Holzweg! Den *Weg der Beziehung* – wir hatten ihn verloren, haben uns auf Tricks, Entwicklungshilfe, die Revolution, die Verhinderung der Revolution, auf multinationale Bündnisse, die Weltbank und den Trend verlassen, bloß nicht auf Gott und darauf, dass wir verlässliche und tragfähige Beziehungen herstellen. Das können nämlich auch die Ärmsten der Armen.

Allein bist du verloren.
Zu zweit bist du nicht mehr in Gefahr.
Zu vielen bist du unbesiegbar.

Als jemand, der sich im Dialog mit den Muslimen auskennt, werde ich immer wieder gefragt, ob die Deutschen eine reale Chance haben, zu einem friedlichen Zusammenleben mit den Muslimen zu kommen. Jemand sagte mir: »Das wird nie funktionieren. In dreißig Jahren werden wir Deutschen demografisch gesehen in unserem eigenen Land eine Minderheit sein. Bis dahin wird es uns nicht gelungen sein, die Muslime zu integrieren. Sie wollen letztlich nicht integriert werden, weil sie eigene Wertvorstellungen und eine eigene Religion haben.« – »Ja«, habe ich dem Mann gesagt, »das kann sein. Integrieren kann man Muslime schlecht. Aber zwischen Integration und Feindschaft gibt es ja vielleicht noch ein Drittes, oder?« – »Wo hinein sollten wir sie auch integrieren?«, ließ sich mein deutscher Gesprächspartner nicht von seiner These abbringen, »vielleicht in die Weltanschauung vom Media-Markt? Bei uns ist ja nichts mehr da an Werten und Überzeugungen! Geiz ist geil – das ist unser Credo!«

Das war der Punkt, an dem ich wieder an das afrikanische Sprichwort denken musste: *Wenn man den Weg verliert, lernt man ihn kennen.* Ihr kennt den Weg doch. Ich weiß: Eigentlich, im Grunde genommen ... Warum so viel Understatement? Warum macht ihr Deutschen euch so klein? Warum glaubt ihr, bei euch seien keine Werte mehr vorhanden? Martin hat einmal in einer Mail gestöhnt: »Obi, sag mir, warum machen wir Deutschen uns selbst permanent schlecht, als wären wir eine evolutive Selektion von Raffkes, Windbeuteln und Opportunisten?« Ich habe ihm geantwortet: Meint ihr Deutschen vielleicht, in anderen Nationen und Religionen würde es nur so wimmeln von hochherzigen, idealistisch gesinnten Gutmenschen?

Deutschland ist Spendenweltmeister. Deutschland ist gastfreundlich und emotional, wie man bei der Weltmeisterschaft gesehen hat. He, wir haben in Nigeria vor den Bildschirmen getanzt wie ihr vor dem Brandenburger Tor! Kinder in Nigeria kennen Klinsi, Poldi und Schweini. Das sind keine Gangster-Rapper, das sind positive Typen, Vorbilder für unsere Jugendlichen in Afrika.

Welche Nation hätte dieses Fest so hinbekommen wie ihr, so friedlich und begeisternd? Deutschland ist verlässlich. Deutschland ist sicher. Deutschland ist demokratisch. Deutschland ist eine friedliebende Gesellschaft. Seit mehr als 50 Jahren lebt ihr hier in Deutschland mit Menschen anderer Glaubensrichtungen zusammen, ohne dass ihr euch beleidigt und bekämpft.

Deutschland ist ein Land, in dem alle Menschen sich zu Hause fühlen. Ich weiß, wovon ich spreche. Viele Deutsche stammen von überall her. Viele von euch haben Wurzeln, die nicht unbedingt in Deutschland liegen, familiär, meine ich.

Deutschland ist zwar kein typisches Einwandererland im eigentlichen Sinne, aber es hat sich gezeigt als ein

Land, wo sich die demokratischen Normen und Grundformen etabliert haben. Mit viel Respekt und Anstand. Es gibt zwar immer noch ein paar Dummköpfe, die das vergessen und Leute wie mich wegen ihrer schwarzen Hautfarbe hetzen und verfolgen. Aber diese Dummköpfe sind nicht Deutschland. Sie gehören der Internationale der Unverbesserlichen an. Das sind nicht Deutsche, das sind Idioten.

Muslime sind nicht gleich Muslime

Muslime werden in Zukunft in Deutschland eine immer stärkere Rolle spielen. Darunter sind wunderbare Menschen, mit denen man sehr wohl friedlich zusammenleben kann. Darunter werden aber auch solche sein, die ihre Religion missbrauchen, um hier in Deutschland einen gnadenlosen Gottesstaat zu errichten. Wenn sich die Politik oder einzelne Politiker den Islam zu Nutze machen, ihn also missbrauchen für ihre politischen Ideen, oder wenn sich einzelne Politiker seinen Mechanismen unkritisch unterwerfen, dann könnte diese Problematik entstehen, von der ich rede. Dann könnte es so sein, dass der Islam eine Gefahr für Deutschland wird. Diese Leute sind gefährlich. Ihnen muss man entschiedenen Widerstand entgegensetzen.

Und jetzt kommt die gute Botschaft: Sie sind nicht nur

gefährlich für euch; sie sind auch gefährlich für alle friedliebenden normalen Muslime, die auch keine Hasspredigten in der Moschee und das Austauschen des deutschen Grundgesetzes gegen die Scharia wollen. Wir müssen da genau unterscheiden: Es geht einerseits um den Islam als Glaubensvollzug, als Religion. Und andererseits geht es um den politischen Islam, also den für politische Zwecke missbrauchten Glauben von vielen Menschen. Von mir aus gesehen ist der Islam als Religion weder für Deutschland noch für ein anderes Land eine Gefahr, aber ein politischer Islam könnte eine Gefahr sein. Da stellt sich dann die Frage, ob wir über die Religion als solche oder über den politisierten und instrumentalisierten Islam reden.

Die normalen Muslime, nicht die politisierten, sind eure natürlichen Verbündeten. Vorausgesetzt: Sie können euch als gläubige Menschen ernst nehmen. Das ist der Punkt. Gottlose sind für fromme Muslime eine unvorstellbare Kategorie Mensch. Wenn ihr einem fundamentalistischen Islam die Stirn bieten wollt, müsst ihr zu euren Wurzeln zurückkehren.

Ein Europa, das Gott nicht einmal in der Präambel seiner Verfassung verankert sehen will, ist für Muslime irgendetwas zwischen *nicht zurechnungsfähig, garnicht existent* und *rubbish.* Welche Achtung ein aufrechter Christ bei Muslimen vornehmer Gesinnung gewinnen kann, zeigt die Türkeireise unseres Papstes. Wer an Gott glaubt, und wer dabei ein Gerechter ist, der dem anderen nicht mit Gewalt, sondern mit Achtung begegnet, hat mehr Freunde unter den Muslimen, als er glaubt.

Auch Muslime müssen sich entwickeln

Vieles, was wir kennen und lieben, kennt man im Islam nicht. Noch nicht. Religionsfreiheit zum Beispiel. Oder Gewissensfreiheit. Demokratie auch nicht. Aber man soll nicht immer wieder sagen, der Islam sei nicht entwicklungsfähig, er sei wie ein monolithischer Block.

Die Geschichte des Islam ist so reich an Entwicklung, Veränderung und Anpassung. Sie hat Hochkulturen hervorgebracht und bedeutende Zeugnisse der Humanität und Toleranz. Auch der Islam wird seine Moderne bekommen, seine Aufklärung. Dass er sich etwas zögerlicher in dieses Abenteuer stürzt als seinerzeit das Christentum, das dabei vorübergehend bis zur Unkenntlichkeit zerzaust wurde, muss auf die lange Distanz gesehen kein Nachteil sein.

Mein Rat: Sucht die *Beziehung!* Geht weiter in türkische Läden einkaufen, in arabische Restaurants essen. Unterhaltet euch mit Ali an der Kasse, mit Mustafa aus der Buchhaltung, mit Aisha im Vertrieb. Gebt einem türkischen Kind Nachhilfeunterricht. Ladet euch gegenseitig ein. Lernt euch kennen. Und verbietet euch das Getuschel, das Gerede, den Verdacht.

Die Leute in der Regierung sollen den Deutschen sagen, dass es keine Gefahr in ihrem Land gibt in Bezug auf eine interreligiöse Krise oder dass Leute kommen und ihr Land übernehmen wollen. Aber: Wo sind eigentlich die Kirchen? Wissen die Christen im Land der Reformation genügend über sich selbst und ihren Glauben, um Rede und Antwort zu stehen, wenn man sie nach dem Grund ihrer Hoffnung fragt? Haben die noch Hoffnung? Mann, ihr wisst gar nicht, wie glücklich und hoffnungsstark ihr sein könntet. Könntet! Ihr müsstet nur mal anfangen, etwas über euch und eure wunderbare Geschichte zu lernen. Ihr seid so reich! Geistig, meine ich. Eigentlich. Ihr müsst es nur wollen – und wiederentdecken, was euch so reich gemacht hat. Wenn man dem Islam in Europa begegnen will, müssten die Christen mehr über sich selber wissen. Manchmal habe ich den Eindruck: Ihr studiert mehr den Islam als eure eigene Religion. Das muss man wissen: Wer nicht fest in seinen eigenen Schuhen steht, wird weggeblasen.

Ich denke, dass der Mangel an christlichem Bewusstsein die Angst gegenüber dem Islam sogar noch erhöht. Gerade wenn die Christen ihre eigene Identität, ihre Position gefunden hätten und wüssten, wer und was sie sind, woher sie kommen und was sie haben, gäbe es gar keine Angst vor den Muslimen. Aber plötzlich fangen Leute an zu schreien und unsicher zu sein, die nicht zur Kirche gehen, die ihren eigenen Glauben nicht bekennen und dann eine andere, größer werdende religiöse Gruppe wahrnehmen, die fünfmal am Tag betet, die zur Moschee geht, die das große Fasten einhält, die alles für Gott tun würde, die ihren Glauben einfach ernster nimmt.

Seit dem 11. September 2001 diskutiert man viel über Terrorismus. Der Terrorismus hat viele Namen, nicht nur arabische. Entweder heißt er »Rote Brigade« oder »Al Kaida« oder »Mafia von Sizilien«. Terrorismus ist es auch, wenn jemand seine Umwelt terrorisiert. Die Bomben sind nur eine Facette. Bomben werden übrigens an etablierten Universitäten ausgedacht und in noblen Ländern produziert. Wir müssen uns die Frage stellen, ob wir diese Bomben brauchen. Die Bomben, die weltweit hochgehen, werden häufig in Deutschland hergestellt. Viele in Deutschland verdienen damit gutes Geld. Brauchen wir Blut? So einfach möchte ich fragen. Wie viele Bomben brauchen wir heute in der Welt? Was machen wir mit der Rüstungsindustrie? Wie kann es sein, dass die Gesetze so gemacht werden, dass jeder zu Hause sitzen und in seinem Schlafzimmer eine Bombe basteln kann? Das Wissen ist da und offen zugänglich. Das ist eine riesige Gefahr. Wir reden von Terroristen wie von orientalischen Märchenfiguren. Aber vielleicht haben Sie selbst Geld in einem Fond, der Waffen produziert. Wissen Sie es? Und jeder halbwegs intelligente Student ist in der Lage, in seinem eigenen Zimmer eine Bombe zu basteln. Ich verstehe das nicht.

So, jetzt bin ich wieder bei meinem Deutschland. Lasst mich noch einmal auf den Gedanken kommen, mit Deutschland könne es nur noch abwärts gehen. »Wir pfeifen doch auf dem letzten Loch«, hat mir ein Wirtschaftsmann aus Köln gesagt, »da werfen wir uns in die Brust und sagen: Wir sind Exportweltmeister! In Wahrheit rennen uns die besten jungen Leute in Scharen davon, weil sie anderswo mehr verdienen. Indien, China, das sind die Produzenten der Zukunft! Wir sind ein Auslaufmodell. Wir haben nicht einmal Bodenschätze. Auf lange Sicht haben wir nichts zu verkaufen!« Nichts zu verkaufen?

Die Welt hat gerade einen von euch als Papst »gekauft«! Und meint ihr vielleicht, das sei ein Zufall? Im 19. Jahrhundert profitierte die ganze Welt vom Erfindungsgeist der Deutschen, im 20. Jahrhundert von ihrem Ingenieurswissen. Im 21. Jahrhundert können alle alles – und vor allem können sie alles billiger. Aber sie wissen nicht mehr, warum sie es tun, wo ihre Grenzen sind und was der Sinn dieser irren Maschine ist, mit der in wenigen Jahren die Erde verbraucht wird. Irgendwann verheizen sie auch noch das letzte Stück Wüstengeröll. Wir sitzen dann in einer Art »Dubai« und schauen auf einem großen Monitor zu.

Meint ihr, die Welt bräuchte von Deutschland noch ein weiteres Rezept, wie man aus Dreck Geld macht? Meint ihr, der Dienst Deutschlands an der Welt könnte ein Auto sein, das in 0,5 Sekunden von 0 auf 100 km/h beschleunigt? Oder meint ihr, wir bräuchten von euch noch schnellere Computer, noch wirkungsvollere Beruhigungspillen, noch verrücktere Wellness-Badewannen? Wir brauchen euch als Land der großen Philosophen, als Heimat der Vernunft und des Rechts. Eure Ressourcen sind eure Köpfe (und damit meine ich einmal nicht eure geschickten Ingenieure, Baumeister und Manager)! Wenn alle Welt nur pragmatisch denkt, dann macht es doch zu eurer *unique selling proposition*, dass ihr prinzipiell denkt, grundsätzlich! Wenn alle Welt Embryonen verarbeitet, um Stammzellenforschung zu betreiben, dann finde ich es vorbildlich, dass es nirgendwo so viel Widerstand dagegen gibt wie in Deutschland. Das ist typisch deutsch: Wir können doch keine Embryos verbrauchen, um zu heilen – so toll heilen ist. Typisch, sagt alle Welt, die Deutschen wieder, diese Prinzipienreiter!

Aber daran geht die Welt kaputt, dass alle Welt alles macht, Hauptsache der Dollar rollt. Meine Heimat Nigeria wird zugeschüttet von Billigprodukten aus Ostasien. Man darf nicht daran rühren, schon sind sie kaputt. Es ist einfach Dreck. Wisst ihr jetzt, warum wir so fest an »Made in Germany« glauben? Da weiß man, was man hat. Und dabei solltet ihr bleiben. Ihr könnt nicht mehr die Billigsten, die Schnellsten, die Größten sein. Hoffentlich meint ihr nicht, ihr müsstet die Cleversten sein. Aber ihr könnt die Sorgfältigsten, die Anständigsten, die Zuverlässigsten sein – oder es wieder werden. Euer Anstand ist euer Kapital, eure Handwerkerehre! Ihr lacht? In meinen Rheinland-Jahren haben mich die kleinen Handwerker immer wieder beeindruckt. Wie gut die gelernt hatten! Wie genau sie auf ihren Ehrenkodex achteten. Wie verpönt es war, eine schlechte Arbeit abzuliefern! Damit könnt ihr wahnsinnig viel bewegen. In Deutschland und überall. Das ist euer Weg!

Warum der Papst okay ist

Und dann möchte ich noch einmal auf euer »Spitzenprodukt« zurückkommen, den Papst. Ich liebe ihn. Alle Welt liebt ihn. Und wisst ihr auch warum? Weil er kein Showman ist. Weil er echt ist. Weil er bescheiden ist. »Liebe Schwestern und Brüder, nach dem großartigen Papst Johannes Paul II. haben mich die Herren Kardinäle als einfachen Arbeiter im Weinberg des Herrn zum Diener der Kirche gewählt«, sagte der deutsche Kardinal Ratzinger auf dem Balkon des Petersdoms. Als könnte ausgerechnet er nicht bis drei zählen. Er ist aber der klügste und gütigste Mann der Welt. Ich mag ihn, weil er so ist. So gerade, als hätte er ein Stück Stahl verschluckt. Dabei höflich und so verbindlich, dass ihn sogar die Türkei am liebsten behalten hätte. In den vergangenen dreißig Jahren hätten zwei Drittel der katholischen Christen am liebsten drei Viertel ihres Glaubens über Bord geworfen. Wohin man kam, hieß es: Passen wir uns an! Sagen wir das ein bisschen weniger krass! Diesen Unsinn sollten wir am besten gleich vergraben! Nur der etwas zart gebaute Deutsche in Rom ging unbeirrt seinen Weg, verankert in 2000-jährigem Wissen.

Vergesst ihn, er ist ein bisschen von gestern, sagten die Amerikaner. Er ist boshaft, sagten die Niederländer. Er ist halt ein Deutscher, sagten die Franzosen. Und dann haben sie ihn gewählt, die Kardinäle aus Amerika, den Niederlanden und Frankreich – die meisten jedenfalls. Und nun starrt alle Welt nach Rom, als wäre der 80-jährige Benedikt die Sphinx persönlich: Wie sollen wir es denn machen? Der Papst gilt plötzlich als orientierungsstark und prinzipienfest. Ein Wunder des Heiligen Geistes? Über Nacht geschehen? Alles Quatsch. Der Mann war immer so – ein guter deutscher Denker und frommer Priester aus der besten geistigen Schule der Welt.

Das, was viele an ihm jetzt staunend bewundern, seine Güte, seine Klugheit, seinen Humor, seine Klarheit – all das ist für mich nicht neu. Mein weißer Bruder Martin hat mich schon auf ihn aufmerksam gemacht und mich für ihn begeistert, als er für die Welt noch eine Art Inquisitor, ein gefährlicher Unmensch im Hinterzimmer des Papstes war. Als Student, später dann als Journalist ist Martin ihm über vier Jahrzehnte immer wieder begegnet: »Stimmt alles nicht, was sie über ihn erzählen«, hat er sich immer aufgeregt, »er ist ganz anders, ganz anders!« Immer hat er forsch dagegengehalten. »In Benedikt steckt, wenn man so will, der ganze Ratzinger, und den kann man endlich so sehen, wie er wirklich war und ist«, sagt er. Neid ist mir eigentlich sehr fremd. Aber um diesen Sohn aus eurem Volk beneide ich euch schon ein wenig. Wie schön, dass er jetzt allen gehört, der ganzen Kirche. Er ist auch unser Papst in Afrika. Mit seiner Weisheit ist er ein Afrikaner. Benedikt ist auch ein weißer Bruder mit einer schwarzen Seele, einer afrikanischen Seele, meine ich. Wenn man in schwierigen Zeiten aus dem Schlamassel kommen will, vertraut man sich am besten einem solchen Führer an.

Werdet zum geistigen Wortführer!

Ihr Deutschen habt eine kräftige und klare Stimme in der Welt. Warum nutzt ihr sie nicht konsequenter? Warum steht ihr nicht wie ein Mann hinter eurem Papst? Warum nehmt ihr das Spiel nicht an, in dem ihr die Avantgarde eines neuen Denkens sein könntet? Eure großen Philosophen waren Visionäre. Was seht ihr am Horizont? Wollt ihr die Zivilisation der Liebe verwirklicht sehen – oder die Plünderung des Planeten? Warum verlangt ihr nicht heute, dass eine auf Menschenwürde, Vernunft, Toleranz, also auf dem christlichen Menschenbild gebaute Ethik globalisiert wird? Wo sind die Denker, die den Beutezügen des anonymen Großkapitals den Kampf ansagen? Wer klagt die Sklaverei des 21. Jahrhunderts an, die nicht nur bei uns in Afrika, sondern auch in den Industriestaaten und Schwellenländern schon zu spüren ist?

Warum fangt ihr nicht einfach an, in kleinen Kreisen den Glauben zu vertiefen und Liebe praktisch zu machen? Wenn man den Menschen nicht zu seinem eigenen Charakter bringt, die Kinder nicht in die Schule schickt und ihnen Respekt vor anderen Menschen beibringt, dann kann morgen jeder Bomben basteln und zum Terroristen werden. Wir leben in einer Welt, zu einer Zeit, in der Menschen, die sich mit ihrem Glauben verführen lassen von denen, die das Gute missbrauchen, fähig sind, Katastrophen zu verursachen.

Das Gewissen darf man nicht zukleben

Wir Afrikaner regeln vieles über die Gefühle. Wo ein starkes Gefühl da ist, da ist die Wahrheit. Wahrheit ist *Soul*. Etwas Starkes, ein Rhythmus, eine suggestive Melodie, der man sich nicht entziehen kann. Auch das Gewissen ist *Soul*. Es ist ganz stark, kommt von innen heraus. Natürliche Menschen, die in normalen, herzlichen Beziehungen leben und sich nicht selbst entfremdet sind – wie mein alter Freund Karl Marx sagen würde –, erfahren die Stimme des Gewissens als sehr stark.

Wenn ein Parlament sagt, wir gehen nicht unserem Gewissen nach, sondern handeln so clever, dass wir garantiert wiedergewählt werden, dann ist daran nichts Menschliches mehr. Menschen müssen Courage zeigen, wenn sie von einer Wahrheit überzeugt sind, doch viele Parlamentarier wollen das nicht. Das ist ein Problem. Es fehlt an *Soul*. Die innere Stimme wird abgewürgt. Das Gewissen wird zugeklebt, weil meine Partei mir sagt, was ich zu denken habe. Und dann gebe ich mein Gewissen einfach ab. Das ist nicht typisch deutsch. Es ist überall so. Muss es aber ausgerechnet auch in meinem geliebten *Deutschland* so sein?

Ihr habt dieses Monster Hitler gehabt; das neue Deutschland habt ihr aber aufgebaut auf den Menschen des Widerstands. Selbst in Afrika kann man über Goerdeler, Graf Stauffenberg, Alfred Delp, Dietrich Bonhoeffer, Kardinal von Galen und Sophie Scholl lesen. Das sind die Leute des Gewissens. In Deutschland – mindestens in Deutschland – dürften Politiker nie wieder »Parteisoldaten« sein. In jedem von ihnen müsste ein Stück Rebellion sein. Jeder von ihnen müsste einen Crashkurs in Freiheit bekommen. Und eine gute *Soul*-CD.

Macht, Demokratie und Gewissen

Es gibt dieses Problem der Demokratie, die verführbaren Menschen einen gut bezahlten Job für eine Legislaturperiode gibt. Diejenigen, die an der Macht sind, wollen an der Macht bleiben. Sie tun alles, damit von möglichst vielen gesagt wird: Wunderbar! Sie machen genau das, was wir uns schon immer gewünscht haben! Es ist ein bisschen wie mit dem dicken Prälaten und den Glasperlen. Die Politiker sollen den Menschen keinen bunten Klimbim verkaufen, sondern nach ihrem Gewissen das vor Gott Beste für das Volk machen, selbst wenn es sich auf dem Marktplatz schlecht verkaufen lässt.

Ich habe lange mit meinem Freund Martin gesprochen, warum es beispielsweise so wenige Kinder in Deutschland gibt. Hat man das plötzlich erst entdeckt? Nein, sagt Martin, das weiß man seit über zwanzig Jahren. Und die Politiker haben es den Leuten nicht gesagt und ihnen Umstellungen empfohlen? Nein, man hätte sie sonst nicht gewählt. So – und jetzt kommt Deutschland zu spät und wird vom Leben bestraft? »So ist es, Obi«, sagt Martin, »... und von den Politikern«.

Das ist ein Mangel an Charakter, ein Mangel an Identität, ein Mangel an Mut. Wenn man einen Mangel oder Defizit im Charakter hat, dann ist einem immer die Macht wichtiger als das Gewissen. Und das ist das Problem! Das sind Erfahrungen, die jeder von uns schon gemacht hat. Wie schon gesagt, habe ich verschiedene Diktaturen erlebt. Alle meine ersten Freunde habe ich in der Kindheit während des Biafra-Krieges verloren. Eure Kameras waren ja damals dabei.

Ich sag's noch einmal: Die Märsche auf der Flucht, die Angst, den Hunger – das kenne ich aus unmittelbarer Anschauung. Nicht theoretisch, sondern sehr direkt. Mein Körper war von Ungeziefer befallen. Ich war verdreckt von Kopf bis Fuß. Mir war schwindlig vor Angst und Hunger. Ich habe aus lehmigen Pfützen verseuchtes Wasser getrunken. Den Geruch der Leichen am Straßenrand habe ich noch heute in der Nase.

Dass ich überlebt habe, werde ich bis an das Ende meines Lebens als ein Wunder ansehen. Wir haben die Bomben von oben überlebt und die Hungersnöte unten. Lange Jahre meines Lebens habe ich mit meiner Familie in Flüchtlingslagern gelebt.

Warum konnten diese Regime, die den Menschen unendlich großes Leid zufügten, sich so lange halten? Weil zu viele die Stimme ihres Gewissens niederhielten und Kompromisse mit dem Teufel eingingen: *Eigentlich* finden wir das alles auch ganz schlimm ... *im Grunde genommen* müsste man, und so weiter und so weiter. Ich weiß, wie brutal und gefährlich das Zukleben des Gewissens ist und sein kann. Da macht mir keiner etwas vor.

Im Angesicht der Leute

Mag sein, dass manche Menschen zu laut sind, um die Stimme des Gewissens zu hören. Aber egal, wie laut wir sind, die Stimme kommt, wenn wir ruhig sind. Irgendwann und irgendwie. Wer den richtigen Weg sucht, muss sich auch trauen, erst einmal ruhig und sensibel zu werden. Vielleicht sind wir zu oft zu laut.

Feines
hört man erst,
wenn man leise wird.

Gibt es zu wenig Mut zum Gewissen? Das ist das Problem, ja. Es gibt wenig Mut, auf das Gewissen zu hören, und es gibt wenig Gewissenserziehung, wenig Gewissenserforschung und wenig Gewissensgespräche. Wir müssen das Gewissen zur Rede stellen.

Die Kirchenleute und unsere Urahnen haben und hatten Momente, sei es zur Mittagszeit oder zur Abendzeit, um ihr Gewissen zu erforschen und das Ergebnis mit in ihr Gebet zu bringen. Stille Momente, in denen man schaut: Was habe ich heute getan, wie war der Tag, was habe ich gut und was falsch gemacht. Aus diesem Grund ist Meditation eine gute medizinische Tablette, so dass der Mensch für eine gewisse Zeit meditieren kann, ruhig denkt, nachdenkt, überlegt.

Stellt euch vor das *Gesicht Gottes!*, sage ich meinen Studenten immer, nicht vor das *Gesicht der Leute*. Zuletzt müsst und werdet ihr Gott in die Augen sehen! Nicht eurem Vater, nicht eurer Mutter, nicht eurem Chef, nicht eurem Idol, nicht mal dem Papst seid ihr Rechenschaft schuldig. Zuletzt blickt ihr in die Augen Gottes. Diesem Blick müsst ihr standhalten können. Kluge Leute wissen, dass sie am besten heute schon in Gottes Augen schauen. Keine Angst, sie sind liebevoll. Sein Blick ist aufbauend. Er gibt Power.

Die braucht ihr auch. Sonst werdet ihr zu Windbeuteln. Mal bläst es von Süden, mal von Osten, mal von Westen, mal von Norden. Ihr seid immer prall gefüllt und wackelt so, wie sich der Wind gerade dreht. Wir brauchen aber keine Hohlköpfe und Windbeutel. Wir brauchen Menschen mit Charakter. Innengesteuerte. Kämpfertypen. Feste Gestalten. Widerständler.

Meine Seele will tanzen

Wir in Afrika tanzen gerne. In Köln haben sie mich einmal zu einem Ball mitgeschleppt. Standardtänze nannten sie es. Ich wollte auch mal tanzen. Die Leute, die mich mitnahmen, hinderten mich sanft daran und sagten: »Das kommt jetzt nicht so gut an, Obi!« Sie wussten, ich würde nicht Walzer und auch nicht Samba tanzen. Nach ein paar Stunden habe ich es nicht mehr ausgehalten; ich habe meine Leute in eine Pinte mitgenommen, in der ich ein bisschen auf meine Art tanzen konnte. Ich brauche das. Deutsche können vielleicht wie dressierte Roboter tanzen. Sie können sogar 48 Stunden am Stück hinter dem Computer sitzen. Ein Afrikaner kann das nicht. Mir käme die Seele an den Ohren heraus. Meine Seele muss öfters mal afrikanisch tanzen, sonst verschwindet sie – und ich bin traurig. »*Wenn Du sprechen kannst, kannst Du singen, wenn Du gehen kannst, kannst Du tanzen*« sagt ein Sprichwort aus meiner Heimat.

Körper, Geist und Seele sind eine Einheit. Sie lassen sich nicht teilen. Das ist mir in Afrika immer klarer gewesen als in Deutschland. Montags mache ich mal was für den Körper. Fitnesscenter sieht man überall. Sie sind für viele die neuen Kathedralen der Moderne. Da wird geschwitzt, gestrampelt, sich gequält, sich konzentriert, sich angestrengt. Ich bewundere das. Dienstags ist der Geist dran. Dafür lese ich ein Buch. Auch für den Geist tut man viel: Konzerte, Diskussionen, Bücher, Zeitungen und Zeitschriften. Deutschland ist auch hier ganz reich. Auch das bewundere ich. Und sonntags lassen wir die Seele baumeln. Da soll mir der Pfarrer die Seele anrühren. Das bewundere ich nicht. Tröpfchenweise sitzen die Leute in den Kirchenbänken einer trüb beleuchteten Kirche und hören sich die schlechte Lautsprecherübertragung einer schlechten, nämlich abgelesenen Predigt hundert Meter weiter vorne an. Entschuldigung, liebe Priesterkollegen, aber das habe ich oft erlebt. Und das war es dann für die Seele. Andere gehen gar nicht mehr in die Kirche. Sie bedienen die Sehnsüchte ihrer Seele mit Duftkerzen und Besuchen auf Weihnachtsmärkten.

Ich würde euch alle mal gerne nach Afrika mitnehmen, in eine heilige Messe. Manchmal kommen 2000 Leute! Da wird getrommelt, getanzt, gesungen, da berührt man sich und man lacht sich an. Da weint man miteinander und betet, dass die Engel im Himmel zittern. Bei der Predigt feuern sie dich an wie einen alten Märchenerzähler unter dem Baobab – du kannst da gar nicht schlecht predigen! Und wenn sie nach ein paar Stunden total erschöpft Amen sagen – und sich auf das Essen freuen –, dann klingt es wie: super, okay, wunderbar! Das war etwas für die Seele – aber nur darum, weil Körper und Geist auch zu ihrem Recht kamen. Könnt ihr nicht ein bisschen davon übernehmen? Es muss ja nicht viel sein.

Warum haben so viele Leute Depressionen? Meine Theorie ist: Weil sie so einseitig leben. Der eine ist ein »Mensch des Geistes«, außer seiner Hinternmuskulatur hat er keine. Nur sein Hirn ist ausgebildet. Er schleppt seinen Körper wie ein Trägermedium des Geistes durch die Welt. Eigentlich ist er ihm lästig. Klar wird der Mann krank. Dann gibt es die Typen vom Studio: Muskeln wie der Kilimandscharo, ein Gesicht wie ein Dreijähriger, tote Augen, die nur am Fernsehgerät gefüttert werden. Klar wird der Mann krank. Beiden fehlen der Ausgleich und die Seele. Die Vergeistigten sind seelisch genauso hungrig wie die ausschließlich Verkörperlichten. »Unruhig ist unser Herz«, sagt der heilige Augustinus, »bis es ruht in Gott.«

Gott ist es, der Leib und Geist *lebendig* macht. Dazu müssen wir die Seele pflegen. Sie ist der Ort, an dem der Mensch Kontakt aufnimmt zu Gott.

Wenn deine Seele
hüpfen soll, dann lass
deine Beine tanzen.
Und wenn dein Geist
springen soll, dann lass
deine Seele träumen.

Ein Lächeln könnte ein guter Anfang sein

Lächeln ist ein anderer Name
für Toleranz, Freiheit und liberale Gesinnung.
Zu Lächeln bedeutet frei zu sein.
Es ist eine Dimension der Liebe.
Lächeln besitzt die Fähigkeit
ins menschliche Dasein Humor, Milde
und Menschlichkeit zu bringen.
Ein Lächeln kostet nichts,
aber es gibt viel.
Es bringt dem Empfänger Freude
Und macht den Geber reicher.
Je öfter das Lächeln,
desto reicher der Empfänger,

die Umgebung und der Geber.
Es ist eine menschliche Äußerung,
bei der der Gesichtsausdruck Freundlichkeit zeigt.
Ein Lächeln vermindert Spannungen
und führt Menschen, manchmal sogar Wildfremde,
zu einem Dialog der Herzen.
Ein kleines Lächeln kann zu Ruhe und Frieden führen
und anstrengende Pfade erleichtern.
Lächeln heilt wie Medizin.
Die Welt setzt die Suche nach Glück fort.
Ein Lächeln könnte ein
guter Anfang sein.

Obiora Ike

Angst

Die Furcht vor der Gefahr ist schrecklicher als die Gefahr selbst

Ja, diese afrikanische Weisheit ist richtig: *Die Furcht vor der Gefahr ist viel schrecklicher als die Gefahr selbst.* Angst habe ich in meinem Leben oft gehabt, aber noch mehr Angst vor der Angst.

Als Kind hatte ich Angst. Auf der Flucht hatte ich Angst. Vor Soldaten hatte ich Angst. Vor dem Verlust lieber Menschen hatte ich Angst. Irgendwann habe ich dann verstanden: Wenn es dich erwischt und du mitten in dem drinnen bist, wovor du dich so fürchterlich gefürchtet hattest, dann ist es nicht mehr so schlimm, dann wachsen dir Riesenkräfte zu. Und dann habe ich noch etwas entdeckt: Wenn man wenig hat, hat man auch wenig Angst, etwas zu verlieren.

In die Hütte des armen Mannes bricht niemand ein. Wenn ich in Deutschland bin, könnte jeder in mein Haus und mein Zimmer gehen und mitnehmen, was ihm gefällt. Sollte ich mir etwa einen Tresor liefern lassen für die drei Sachen, die mir gehören? Das ist absurd.

Langsam verstehe ich auch, warum mir in Deutschland seit ein paar Jahren überall diese Angst begegnet: Wer viel hat, dem kann viel genommen werden. Trotzdem, es ist nicht die normale Angst vor dem nationalen, dem sozialen und individuellen Abstieg. Es ist eine deutsche Volkskrankheit, so eine Art Massenhysterie geworden, dass man selbst in die englischsprachige Welt das deutsche Wort »Angst« für ein Grundgefühl der Bedrohung importiert hat. Als ich euch das letzte Mal besuchte, habe ich mir ein paar Zeilen notiert und sie öfters in meinen Reden verwendet, so etwa in Augsburg. Ich sagte:

Wenn es schneit, habt ihr Angst
vor zu viel Schnee.
Wenn es regnet, habt ihr Angst
vor zu viel Regen.
Wenn es heiß ist, habt ihr Angst
vor zu viel Sonne.
Und wenn ihr keine Angst habt,
habt ihr ganz bestimmt Angst,
dass etwas nicht stimmt
mit euch.

Merkwürdig: Die Leute lachten und klatschten. Wollten sie mir sagen: »Ja, das sind die *anderen*. Sind die blöd! Wir hier im Saal haben keine Angst«! Oder wollten sie mir sagen: »Obi, du hast uns ein bisschen durchschaut! Es ist ja lächerlich, dass wir uns hier in Deutschland kollektiv in die Hose machen. Es wird schon alles gut ausgehen«? Lassen wir es offen.

Warum uns der Löwe nicht auffrisst

Nur, es ist so: Die Leute in meinem Heimatland haben eine Menge Probleme. Sie wissen manchmal nicht ein noch aus. Aber Angst als ein beherrschendes Grundgefühl, Angst als Thema der Leute auf den Straßen – das kennen sie kaum. Natürlich hat der eine oder andere hier und da begründete, konkrete Angst. Aus eurer Sicht heraus aber müssten wir doch mit vor Schreck aufgerissenen Augen durch die Welt laufen und ständig Angst haben. Weniger vor Schlangen, giftigen Spinnen, Löwen, Elefanten und Krokodilen – das ist mehr der Stoff von Afrikaromanen. Wir sollten uns aber ganz gewaltig fürchten vor Armut, Arbeitslosigkeit, Ausbeutung, Aids, vor zu Killern abgerichteten Kindersoldaten, vor der Klimakatastrophe und der daraus resultierenden Versteppung unserer Landschaften, vor dem Hungern und dem Vergessenwerden durch die so genannte Erste Welt. Wir müssten zittern vor Angst.

Tun wir aber nicht.

Wir gehen ziemlich gelassen mit den Gefahren um. Schließlich sind wir nicht allein. Das scheint mir das Entscheidende zu sein. Wir halten zusammen. Wir sind vielleicht ziemlich unvollkommene Menschen, aber wir sind *en jot Familisch*. Geteiltes Leid ist halbes Leid, sagt ihr in Deutschland. Ich füge hinzu: Geteilte Arbeitslosigkeit ist halbe Arbeitslosigkeit. Eine von Freunden miterlittene Krankheit ist eine halbe Krankheit. Das Drama eines drogenabhängigen Kindes ereignet sich nicht in der Enge eines deutschen Einfamilienhauses – es wird zur Sache des ganzen Clans, der ganzen Großfamilie, der ganzen Gemeinde. Wenn den Einzelnen etwas trifft, sagen wir ganz schnell »wir«. Es wird zu unserer Sache. Eine Kränkung, die ein Einzelner erfährt, ist die Kränkung der ganzen Gruppe. An einem Hoffnungsfädchen strickt nicht einer allein. Alle denken mit, alle machen aus einer kleinen Hoffnungsgeschichte eine große.

Wenn jemandem etwas fehlt, dann zwinkert der andere mit den Augen: »Du, ich hab noch etwas, das ist zwar nicht hundertprozentig das, was du suchst, aber wir könnten es ja passend machen.« Natürlich kann man dann auch nicht mehr hundertprozentig sagen: Das Auto gehört mir, wenn der linke Vorderreifen von John, die Sitzpolsterung von Uchenna und das Benzin vom alten Onkel kommen. Aber ich muss keine Angst haben, einmal ohne Auto dazustehen. Und würde ich wirklich einmal kein Auto haben – irgendetwas Fahrbares würde die Familie schon organisieren, mit dem ich von A nach B komme. Und wenn sie mich auf den Schultern tragen!

Angst tötet Leben. Diese Worte sollte man wirklich in Gold schreiben! Aber wo kommt sie her? Alle Angst – das sage ich als Priester und aus meiner eigenen Erfahrung – ist *Angst vor dem Tod*. Der Tod hat viele Facetten und viele kleine Vorläufer, bevor es endgültig ans Sterben geht.

Es gibt beispielsweise den Tod *der Ehre*. Jemand hat ein Gerücht in die Welt gesetzt. Man sagt dir nach, du hättest gestohlen, ein Kind missbraucht, deine Frau geprügelt, deine Kinder hungern lassen. Alles ist falsch. Aber die Leute sagen: He, wieso sagen es dann alle? Etwas wird an der Sache schon dran sein! Martin berichtete mir von einem deutschen Sprichwort, das ich ausnahmsweise einmal für *nicht* sehr klug halte: »Wo Rauch ist, da ist auch Feuer«. Ja –

Wo Rauch ist,
ist immer Feuer.
Aber wo ein Gerücht ist,
ist selten
die Wahrheit.

Oft sind Gerüchte reine Lügen. Ihr Effekt aber ist tödlich. Ein Mensch verliert seine Ehre. Das ist ein Stück Tod. In Afrika ist das ein wichtiger Punkt. Du darfst einem Menschen dort vieles nehmen. Aber du darfst ihm nicht die Ehre nehmen. Das ist das Schlimmste. Um die Ehre wird gekämpft bis zum Letzten, um die Ehre des Einzelnen, die Ehre des Stammes, die Ehre des Volkes. Entwürdigt zu sein, ist schlimmer, als real tot zu sein. Das ist sogar die Quelle vieler Kriege.

Du bist nichts, du hast nichts

Es gibt den Tod *materieller Verluste*. Jemand hat sich krummgelegt, hat Jahre nur noch gearbeitet, um für seine Familie ein Haus zu bauen. Er hat gespart, dass seine Kinder eine Ausbildung haben. Und über Nacht verliert er all sein Geld – aus Dummheit oder warum auch immer. Plötzlich ist er für die Leute in seinem Club »tot«, er ist ein Habenichts, ein Pleite-Mann. Er wagt sich nicht mehr unter die Leute. Er schämt sich. Sein Besitz war für ihn alles. Er hat sich über das, was er hatte, definiert. Sein Ich bestand aus einer bestimmten Summe auf der Bank, aus einer Wohnung und einem tollen Garten, durch den er Leute führen konnte, die »oh!« und »ah!« und »super«! sagten. Nun kommt er sich wie nicht existent vor. Und vielleicht erinnert er sich auch noch an seinen Vater, der ihm sagte: »Du bist nichts, du hast nichts, aus dir wird nichts!« Er hatte es seinem Vater, er hatte es der ganzen Welt bewiesen. Und nun triumphierte der Vater in seiner Vorstellung: »Habe ich es dir nicht immer gesagt? Du bist ein Nichts!«

In einer solchen Situation des Todes schießen sich Menschen häufig eine Kugel in den Kopf.

In Afrika spielt das Scheitern an Zielen eine weniger große Rolle. Es mag typisch deutsch sein, sich ein großes Ziel zu setzen (»2015 besitze ich ein großes Haus in Waldrandlage mit Swimmingpool!«); für einen Afrikaner ist das unbegreiflich. Wie ich später noch zeigen werde, spielt die Kategorie »Zukunft« für ihn keine große Rolle. Es gibt afrikanische Sprachen, die haben in ihrer Grammatik keine Zukunftsformen. Zielgerichtet zu handeln, ist Afrikanern – fast möchte ich sagen – wesensfremd. Man genießt den Augenblick, sucht ihn zu vertiefen. Was morgen ist – wer weiß das schon?

Eine Herde nur aus alten Tieren

Es gibt – und nun muss ich noch einmal auf etwas Bedrückendes in Deutschland zu sprechen kommen – den *Tod der Einsamkeit*. Während meines Studiums in Deutschland war ich ja nicht nur als Student unterwegs. Ich war auch Priester, habe in den Pfarreien ausgeholfen und Seelsorge betrieben. Sofort fielen mir die vielen einsamen alten Menschen auf. Sie lebten allein im siebten Stock eines Hochhauses oder in einer Villa draußen am Stadtrand von Bonn. Oder man hatte sie gesammelt in Altenheimen, wie eine Herde, die nur aus alten Tieren besteht. Am Anfang fragte ich sie noch: »He, warum leben Sie allein? Das ist doch unsinnig!« Aber die Antworten, die ich bekam, befriedigten mich nicht. Manche wollten es wohl so, andere – denke ich – wurden von den Jungen abgeschoben.

Oft hatte ich den Eindruck, dass ihr TV-Gerät ihr einziger Kommunikationspartner war. Sie mochten mich, setzten mir Kaffee, tollen Kuchen und herrliche Schnäpse vor. »Bleiben Sie doch noch ein Stündchen, Herr Pfarrer!« Ja, ich hätte bleiben können bis zum Jüngsten Tag. Aber bei aller Höflichkeit. Ich konnte weder bleiben noch alle Torten essen noch alle Schnäpse trinken. Manchmal tat es mir richtig weh, gehen zu müssen, denn ich verstand sehr wohl, dass ich für manche dieser alten Menschen der einzige Lichtpunkt in ihrem Alltag war. Ich wusste, wenn das Türschloss klackt, drücken sie auf ihre Fernbedienung und versinken wieder in dumpfe Depression. An einige dieser alten Menschen muss ich denken, wenn ich in deutschen Tageszeitungen lese, dass man wieder die Leiche einer alten Frau entdeckt hat, die wochenlang in ihrem Zimmer lag.

Martin sagte mir, dass gerade unter den alten Menschen die Selbstmordrate in den letzten Jahren signifikant nach oben gegangen sei. Einsam zu sein, ist eben bereits ein Stück Tod vor dem Tod. Ich kann nicht verstehen, wie man sich den Zustand der Einsamkeit freiwillig schaffen kann, wenn man nicht gerade die Berufung zum Kartäusermönch in sich verspürt. Und alte Menschen in die Einsamkeit zu schicken, halte ich für Sadismus. Warum schickt ihr eure Alten in die Altenheime? Ich verstehe euch nicht. Seid ihr Sadisten?

Der göttliche Kessel – und Obi rührt

Das zumindest, kann ich mit Stolz sagen, wäre in meinem Land nie möglich. Gewiss gibt es auch dort Sonderlinge und alte Menschen, mit denen schwer auszukommen ist. Aber auch für sie gibt es ein Plätzchen am Rand der *family*. Irgendjemand unterhält sich mit ihnen, stellt ihnen einen Teller Suppe hin. Irgendetwas tragen sie selbst auch zum Ganzen bei – und wenn sie die Kinder hüten oder Yam bereiten. Sie *müssen* das auch tun, müssen sich arrangieren im Netz der Beziehungen, sonst würden sie glatt verhungern. Rente – das Wort kennt ein Durchschnittsafrikaner gar nicht. Das ist die Kehrseite des sozialen Netzes, das ihr in Deutschland geschaffen habt. Die Jungen können sich sagen: Die Alten sollen sich doch verdrücken! Die haben ja ihre Kohle! Und die Alten können sich sagen: Wir machen uns doch nicht abhängig von den Jungen! Sollen wir denen am Ende die Kinder hüten und die Hütte putzen? Wir genießen mal, was wir uns auf die hohe Kante geschafft haben!

Ich finde, das alles ist nicht menschlich. Für mich ist es ein Stück der »Kultur des Todes«, von der Johannes Paul II. sprach. Nicht nur weil ich mit Leib und Seele

Afrikaner bin, gehören für mich Junge und Alte, Babys und Greise, Teenager und Leute, die an der Schwelle des Todes stehen, zusammen. Wenn ich der liebe Gott wäre, ich würde sie alle in einen großen Kessel schmeißen und kräftig darin rühren, dass sie von allen Seiten in Kontakt kommen. In Afrika kannst du sehen, dass ein 13-Jähriger am Bett eines Sterbenden wacht. Eine alte Frau wiegt ein Baby. Ein Junge fährt eine behinderte Frau mittleren Alters im Karren durch die Stadt. Alle für alle, jeder mit jedem. Vielfach geschieht dies auf engstem Raum. Natürlich gibt das Konflikte und Reibung. Aber wo Reibung ist, da ist auch Wärme. Und wo es Konflikte gibt, entwickeln sich sehr feine Strategien für ihre Bewältigung. Martin sagt immer: »Bei euch ist Leben in der Bude!« Ja, das stimmt. Einsamkeit ist ein Stück Tod – Kältetod.

So viel Tod ist schon mitten in unserem Leben. Der Tod – das ist klar, ist das Einzige, wovor wir Angst haben. Oder anders gesagt. Wenn wir Angst haben, dann vor etwas, in dem sich der Tod, die Auslöschung, maskiert. Lasst mich eine Geschichte erzählen, in welcher der Tod auf mich zukam – mit heruntergelassener Maske. Ich blickte in den Lauf einer Pistole.

Es war so: Vor einigen Jahren leitete ich in Nigeria eine Kommission für christlich-islamischen Dialog. In Nigeria sind 50 % der Bevölkerung christlich, 40 % muslimisch, 10 % gehören anderen Religionen an. Meine Prämisse war von Anfang an: »Frieden ist möglich!« Die Mehrheit will es, die Vernunft gebietet es, die Menschenrechte garantieren es. Diese sind von Gott gegeben; das wissen auch rechtschaffene Muslime. Also waren wir auf einem guten Weg. Aber die sich als Muslime verkleideten und in diesem Topf ihr Machtsüppchen kochten, die blickten hasserfüllt auf uns. Daher versuchte die Regierung zunächst, uns, die wir für Frieden und Gerechtigkeit eintraten, mundtot zu machen. Als das nicht gelang, schickte der Regierungschef des Bundesstaates Enugu eines schönen Tages im Oktober 2002 die Killer.

Gerade war ich einmal allein, was selten vorkommt. Ich kam aus Rom zurück, kramte in meinen Sachen. Es war eigentlich ein friedlicher Tag. Meinem Mitarbeiter hatte ich gesagt, er solle niemanden mehr reinlassen. Ich erwarte keinen mehr. Von draußen drang das Gezirpe von Insekten in mein Zimmer. Plötzlich hörte ich von unten Lärm. Ich ging hinunter in meinem Haus, und plötzlich standen diese Leute da. Keine Ahnung, wie sie hereingekommen waren. Einer von ihnen hatte sich als Priester verkleidet. Vielleicht war deshalb mein Pförtner auf ihn hereingefallen. Sie waren hektisch und nervös und benahmen sich ungefähr so, wie sich Killerstatisten in Killerfilmen benehmen müssen, wenn sie dem Drehbuch folgen.

Sie standen breitbeinig in meiner Bude, hielten die Pistolen wie todbringende Kultgegenstände vor sich und schrien:

»Bist du Obi Ike? In einigen Minuten bist du tot.«

Das Codewort fehlt

Ich muss irgendwie nicht angemessen reagiert haben. Vielleicht fiel mir unbewusst auf, dass sie nicht gleich schossen, sondern irgendeine Reaktion von mir erwarteten, die ihnen einen triftigen Grund lieferte, es wirklich zu tun, einen Priester zu killen. Natürlich hatte ich brutal weiche Knie, aber ich fing jetzt nicht zu wimmern an. Ich war einfach still, sortierte in Windeseile meine Gedanken.

»Hörst du nicht?«, schrie einer, dessen Stimme überkippte, »wir sind geschickt worden, dich umzubringen!«

Da befiel mich eine Klarheit, wie sie nur vom Himmel kommen konnte. Da war er – dieser Moment, da sich alle Angst, die ich je in meinem Leben gehabt hatte, in dem einen Brennpunkt meines wahrscheinlichen Todes konzentrierte. Ich wusste, dass ich keine Chance hatte – und wenn das finale Ereignis bloß darin bestehen sollte, dass einer dieser gedungenen, wahrscheinlich mit Drogen vollgepumpten Jungen seinen schwitzigen Zeigefinger nicht mehr unter Kontrolle halten konnte.

Irgendetwas sagte in mir: »Na, ... was ist dann? Was ändert sich, wenn sie dich jetzt erschießen?«

Alles spielte sich in Sekundenbruchteilen ab; mein ganzes Leben ratterte vor dem inneren Augen ab, alles, was ich erfahren, gelernt und studiert hatte, stand mir gleichzeitig zur Verfügung.

»Gar nichts ändert sich«, sagt das Etwas in mir. Gott *ist*, und wer in Gemeinschaft mit Gott ist, kann zwar eine Ladung Blei in den Körper gepumpt bekommen, aber man kann ihn nicht wirklich umbringen.

Wie gesagt, alles geschah in Bruchteilen von Sekunden. Ich war urplötzlich kühl und entschlossen. Ich fühlte eine Art magischer Kraft in mir, sagte mir: Du bist stärker als sie. Es sind Kinder! Mach etwas mit ihnen! Es muss sie der Donner gerührt haben, als sie schließlich meinen Blick auf sich spürten und meine leise, aber bestimmte Stimme hörten:

»Was quatscht ihr? Knallt mich ab!«

Ich nahm wahr, wie sie sich sortieren mussten, sich und ihre Hackordnung in Geschrei und Empörung über meine Frechheit neu erfinden mussten. Es war, fast hätte ich gesagt, bemitleidenswert und lustig, diese armen Kerle zu durchschauen: Sie wurden noch hektischer, brüllten noch brutaler herum, um mich nur ja klein zu machen und einzuschüchtern.

Aber merkwürdig: Sie schossen nicht. Ich hatte ihnen das passende Codewort nicht geliefert, das ihre Tötungshemmung beseitigt hätte.

Meine letzten fünf Minuten

Immer noch hielt die kalte Entschlossenheit in mir an. Ich weiß noch, wie ich in diesem Moment selbst darüber staunte und das Wort »seltsam!« formulierte. Aber es war so. Eine Weile beobachtete ich die ganze Situation mit einer solchen labormäßigen Kälte, als würde ich 3000 Kilometer entfernt in einem Studio sitzen und ein paar gerade abgedrehte Filmsequenzen auf ihre dramaturgische Logik hin überprüfen. »Hört her«, hörte ich mich sagen, »ich habe eine Bitte an euch. Ehe ihr abdrückt, kommt mit mir in meine Kapelle, dort möchte ich mein letztes Gebet sprechen! Und eines sage ich euch: Wenn ihr jetzt abdrückt, bin ich im Himmel – und ich erzähle Gott die ganze Geschichte mit jedem von euch!«

Das war ein Wort, mit dem sie etwas anfangen konnten. So etwas kam in Killerfilmen vor. Das entsprach dem Ehrenkodex. Einer von ihnen, der den Boss spielte, machte eine Kopfbewegung. Ich sollte vorangehen.

Dann sind sie tatsächlich mit mir in die Kapelle gegangen, eine seltsame Prozession, bei der uns keiner über den Weg lief, sosehr ich auch Gott und alle Heiligen darum anflehte. Dort angekommen, fiel ich auf die Knie, habe vielleicht fünf Minuten oder noch länger mit dem Gewehr vor dem Kopf gebetet. Man hat in einer solchen Situation kein Gefühl mehr für Zeit. Immer wieder stieß die tödliche Mündung grob gegen meine Schläfe. Ich kniete jedenfalls dort, wo ich so oft gekniet hatte, kniete, während mir die Brühe herunterlief, krumm vor dem Allerheiligsten, vor dem göttlichen Herrn in der heiligen Eucharistie.

Und ich gestehe: Es war *nicht* das frömmste Gebet meines Lebens oder – so denke ich heute mit einigen Jahren Abstand – vielleicht war es das doch. Plötzlich breitete sich in mir eine unglaublich große und weite Ruhe aus. Ich hatte Zwiesprache mit dem Herrn, wie ich sie noch nie so dicht empfunden hatte. Angst? Komischerweise nicht. Bete! – sagte eine Stimme in mir. Solange du betest, können sie nicht schießen. Und dann sagte ich, als ich alles, mein ganzes Leben schon in die Hände Gottes gelegt zu haben glaubte: »So, nun macht, wofür ihr schon bezahlt worden seid. Schießt! Und ich sage euch: Ich habe jetzt für euch gebetet. Wenn ihr mich erschießt, dann komme ich sofort in den Himmel. Und dort werde ich weiter für euch beten.« Ja, ich hatte sogar ganz kurz die Idee, ich würde dann schnell heiliggesprochen werden können und es gebe endlich einen hl. Obiora. Aber daran muss ich mit meinem Leben wohl noch kräftig arbeiten. Also: »Schießt, ich bin bereit«, sagte ich.

Und dann geschah das Wunder. Plötzlich spürte ich den kalten Stahl des Gewehrlaufes nicht mehr an meiner Schläfe. Ich wagte kaum, meine Augen zur Seite zu drehen. Aber dann tat ich es doch und sah: Sie ließen von mir ab. Einer sagte: »Wir können dich nicht töten. *You are a good man.*« Lob von meinen Killern? Eine absurde Situation.

Von diesem Moment an gab es eine fast geschäftsmäßige Abwicklung des Falles. Die Killer-Attitüde war wie weggeblasen. Plötzlich waren nur noch »vernünftige« Menschen im Raum, die sich bedauerlicherweise durch die Umstände etwas nahegekommen waren. Meine Killer waren einfach nur junge, im Grunde zivilisierte Leute in einer komplizierten Welt, die sich körpersprachlich und verbal dafür entschuldigten, dass sie einen so unmöglichen Auftrag ausführen sollten. Sie sagten mir sogar, wer sie geschickt hatte. Ich sollte sehen: Es war nicht nur heldenhaft von ihnen, dass sie *nicht* abgedrückt hatten – es war eine Gipfelleistung an Heroismus, dass sie mir ihr größtes Geheimnis, ihren Auftraggeber, verrieten. Sie würden ihres Lebens nicht mehr sicher sein. Und das sollte mir, dem Priester, sagen: Mann Gottes, sieh doch, wir sind eigentlich ganz tolle Burschen! Wenn die Verhältnisse ein bisschen anders wären, würden wir für dich durch dick und dünn gehen! Sie dachten wohl, auch Gott würde coole Leute mit *pumpguns* gut gebrauchen können.

Als meine besten Freunde gegangen waren, bekam ich

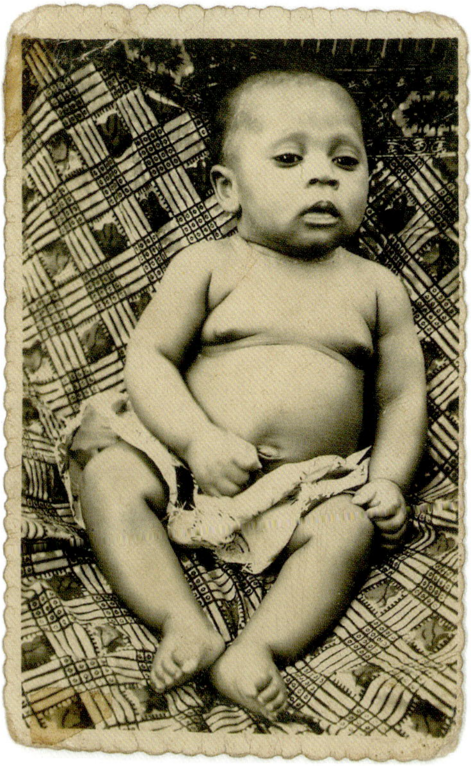

Das erste Foto von Baby Obiora, 8 Wochen nach der Geburt im Jahr 1956

Obiora Ike (rechts) mit seinem Grundschullehrer Innocent Onwuamaeze in der katholischen Schule in Gombe, Nord-Nigeria, 1962

Weihnachten 1963: Familienfoto in Gombe: (von links) oben Obiora, Nwakego, Onkel Akene, Ekene, Akuabata, unten Chinedu, Aramefuna, Nkechi

Obiora, der fleißige Gymnasiast 1972

Der Philosophiestudent Obiora am Bigard Memorial Seminar in Kot-Ekpene, 1975

Abitur 1974: Obiora (links) vor dem St. John Cross Gymnasium in Nsukka

Oben: *Aufbaustudium bei den Jesuiten in Innsbruck: Obiora (mittlere Reihe, siebter von links) bei der Aufnahme des Studiums der Philosophie und Theologie an dem Collegium Canisianum in Innsbruck, Österreich, 1978*

Rechts oben: *Diakonatsweihe im März 1981 am Collegium Canisianum, Innsbruck*

Rechts unten: *Diakon Obiora (zweiter von rechts) mit vier weiteren Mit-Diakonen*

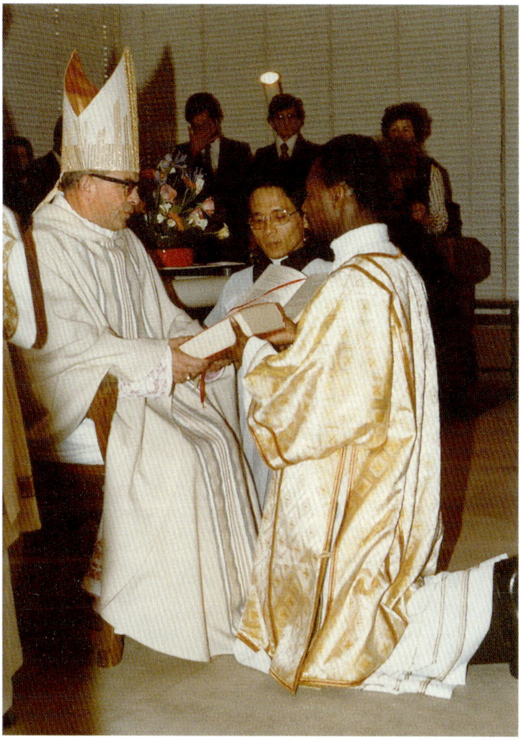

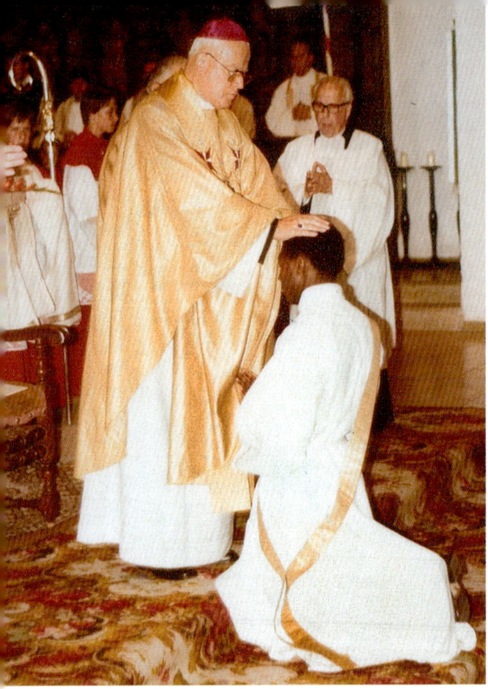

Links: *Priesterweihe Obiora Ikes durch Dr. Bruno Wechner, Bischof der Diözese von Feldkirch, Juli 1981, Österreich*

Linke Seite, oben: *In der Freude über die Priesterweihe umarmt Obiora seine Eltern*

Linke Seite, Mitte: *Obiora Ike mit seinen Eltern, priesterlichen Mitbrüdern und Gottesdienstteilnehmern unmittelbar nach seiner ersten Heiligen Messe, Juli 1981*

Linke Seite, unten: *Primiz in Hohenems 1981. Pater Dr. Komma SJ, Rektor des jesuitischen Priesterseminars und Pater Dr. Osmund Anigbo konzelebrieren mit dem neugeweihten Obiora in St. Karl, Hohenems, Juli 1981*

Rechts: *Obiora erhält seine Magisterurkunde der Philosophie »mit Auszeichnung« aus der Hand von Prof. Dr. Emerich Loreth im März 1981. Seine Diplomarbeit trägt den Titel: »Karl Marx und die Religion – eine kritische Studie«.*

Obiora erhält seine Magisterurkunde der Theologie von Prof. Dr. Hans Rotter im Juli 1981

AGE GRADE

Links: *Afrika-Kongress der Caritas mit den bischöflichen Vertretern aller nationalen Bischofskonferenzen Afrikas in Addis Abeba, Äthiopien, 1987. Monsignore Obiora Ike, nimmt als Caritasdirektor der Diözese Enugu, Nigeria, (erste Reihe ganz rechts) an seiner ersten namhaften, internationalen Konferenz teil.*

Links unten: *Monsignore Obiora Ike erhält den allumfassenden Ehrentitel »Onwana etiri Ora – Der Mond, der für alle scheint« von den Häuptlingen und dem Stamm der Igwe und allen Leuten aus Umanar Ndiagu.*

Unten: *Rom 1991, Monsignore Obiora im Gespräch mit Papst Johannes Paul II. auf der Jubiläums-Konferenz »100 Jahre Enzyklika Rerum Novarum«, im Vatikan*

Obiora nach der Verleihung des »International Rotary Award« in München 2000

Monsignore Prof. Dr. Obiora Ike in seinem Studienzimmer in Enugu, Nigeria

Unten: *Die große Familie von Obiora Ike mit seinem Vater Häuptling R. M. Ike und allen Kindern in Trauerkleidung während der Beerdigung seiner Mutter Lucy, 2001*

Oben: *Monsignore Obiora (rechts) mit seinen beiden Brüdern: Dr. Hinedu Ike, Politikwissenschaftler, (links) und Dr. Afam Ike (Mitte)*

Unten: *Monsignore Obiora mit seinen drei Schwestern: Nwakego, Nkechi, Maria Akuabata (von links)*

Links: *Monsignore Obiora Ike bei dem, was er am besten kann: sonntägliche »Bibel-Studien« mit 1000 Studenten*

Unten: *Welchen Spaß sie zusammen haben: Onkel Obiora und seine Nichte Adazze, die Tochter seines Bruders Afam*

Obira Ike rastlos unterwegs bei Unterricht, Vorträgen und Gottesdiensten

OBIORA FRANCIS IKE IS A CATHOLIC PRIEST, THEOLOGIAN, PROFESSOR OF SOCIAL ETHICS AND AFRICAN STUDIES,
DEVELOPMENT PRACTITIONER, HUMAN RIGHTS ACTIVIST, RENOWNED PUBLISHER AND WRITER.

doch noch weiche Knie. Ich hatte – wie Martin sagen würde – »riesiges Schwein« gehabt. Es war nicht der erste Anschlag auf einen Priester. Auch ein guter Freund sollte, so hatten es die Drahtzieher beschlossen, sterben. Auch er wurde verschont, stattdessen rissen die Attentäter vierzehn unschuldige Menschen in den Tod, die sich gerade auf dem Weg zur Kirche befanden.

Meine Lektion in Sachen Angst

Das war meine Lektion in Sachen Angst. Ich kann nicht sagen, dass ich ein Held bin. Wenn ich die Situation bestanden habe, so deshalb, weil mich letztlich Gottes Gnade, nicht ein paar Killer in Regierungsauftrag, überfiel. Was immer war: Heute weiß ich, mich kann nichts umbringen. Mich kann kein Verlust aus meiner letzten Gelassenheit herauswerfen. Mich kann keine Kränkung mehr zu Tode kränken. »Ich lebe, aber nicht mehr ich, sondern Christus lebt in mir« (Gal 2,20). Weiß ich, ob ich nächstes Jahr noch auf der Erde bin? Vielleicht rüstet sich schon ein anderes Killerkommando, eines mit »besseren« Leuten, zur Tat?

Wisst ihr,
was morgen
mit euch ist?

Habt ihr ein Rezept
gegen den Tod?
Dann habt ihr auch
ein Rezept gegen
die Angst.

Wenn ich nicht heute schon das Leben habe – und es »in Fülle« (Joh 10,10) habe, bin ich sowieso irgendwie tot.

Das Geheimnis der Angst ist das Geheimnis des Vertrauens

Ich will euch etwas sagen. Wer Angst hat, hat zu wenig Vertrauen. Warum können wir zu uns selbst »Ja« sagen? Weil wir so toll sind? Weil wir einen Doktortitel haben? Eine Frau wie Naomi Campbell? Eine Villa mit Pool am Waldrand? Das alles ist Tinnef! Wir können Ja zu uns sagen, weil Gott »Ja« sagt zu uns. Alle menschliche Selbstbejahung kann uns brutal aus der Hand geschlagen werden. Wir können das Vertrauen verlieren. Und wer zu wenig Vertrauen hat, hat auch zu wenig Selbstbejahung. Und wer zu sich selbst nicht Ja sagen kann, der kann auch nicht zu anderen Ja sagen.

Kann es sein, dass viele von euch vergessen haben, worauf man sich verlassen kann?

Und wie besiegt man die Angst? Das hat Jesus uns gezeigt: »Fürchtet euch nicht, ich habe die Welt besiegt!« (Joh 16,33) Das hört sich fromm an, ist aber nichts als wahr. Dieser Jesus hat uns alle durch seine eigene Angst mitgenommen zum Leben. Zum Leben in Fülle, zum vollen Leben. Das, was einmal Angst machte, ist tot. Der Tod ist tot. Was kann dann noch Angst machen? Wir müssen keine Angst mehr haben, schon gar nicht vor zu viel Sonne oder zu viel Regen.

Ohne Angst lebt und stirbt es sich besser

Wenn jemand nicht glaubt, hat er bestimmt Angst vor dem Tod. Somit ist der Glaube der Anti-Tod, das eigentlich wirksamste Medikament gegen die Angst vor dem Tod. Man glaubt ja auch an einen lebendigen Gott: Ich glaube an das ewige Leben, ich glaube an die Auferstehung des Lebens, ich glaube an einen Gott, der über dem Leben steht, der sowieso Grundlage für das Leben ist. Der Glaube gibt Mut. Der Mensch glaubt, dass sein Leben eine Erfüllung ist oder bekommt. Das ist kein Unsinn! Das ist Realität! Glaubt mir! Es ist eigentlich ganz leicht, Mut zu haben.

Tod ist ein Phänomen, das über die Gegebenheiten hinausgeht, in das Mysteriöse, das Geheimnisvolle führt. Wir wollen natürlich wissen: Wie ist das Leben nach dem Tod? Sterben, die ganze Erfahrung des Diesseits müsste verloren gehen oder sich in etwas anderes umwandeln, in einen Bereich, den wir nicht im Griff haben, den wir nicht kennen, von dem wir nicht wissen, was sich dort abspielt. Deswegen haben nämlich die Menschen Angst. Diese Angst ist auch berechtigt. Einmal, weil sie auf der Basis der Natur da ist und dann, weil es zum menschlichen Leben schlichtweg dazugehört. Wer aber keine Angst vor dem Tod hat, ist reich.

Ein Heiler im vertrauenslosen Zustand

Einmal hat Martin mir gesagt, dass ihr in Deutschland zu Jesus als dem »Heiland« betet. »He, was ist das?«, wollte ich von Martin wissen. Heiland – der, der heil macht, sagte Martin. »Das ist gut!«, sagte ich meinem weißen Bruder mit der afrikanisch-schwarzen Seele, denn ich konnte es verstehen. In meinem Volk gibt es Heiler. Sie sind sehr angesehen und auch ich habe große Achtung vor ihnen, denn sie wissen Dinge, die von der modernen Medizin vielleicht in hundert Jahren oder gar nicht entdeckt werden. Heiland – der dich von deiner Angst heil macht. So will ich es sehen. Angst ist eine Krankheit, von der man geheilt werden muss. Angst ist ein Rückfall in einen vertrauenslosen Zustand, in dem man einen Heiler, den Heiland, braucht.

Tatsächlich brauchen wir keine Ängste zu haben, wenn

wir nur glauben, dass immerhin Gott selbst die Welt besiegt hat und dass er versprochen hat: »Kommt zu mir, alle, die ihr beladen seid, und ich werde euch Ruhe verschaffen« (Mt 11,28). Ja, wir brauchen Ruhe, und die bekommen wir, wenn wir zum Heiland kommen. Darf ich euch dieses wunderbare Wort in Erinnerung rufen? Ich weiß, ihr kennt es selbst kaum mehr.

Auch du bist geliebt!

Und jetzt kommt etwas Komisches: Gott liebt jeden und sagt zu jedem Ja, auch wenn alle anderen Nein sagen. Das letzte Ja – und letztlich auch die Liebe – ist beim Schöpfer zu finden. Die Igbo-Sprache hat als ein Wort für Gott *Osebuluwa*: Der, der alles in seiner Hand hält. Das ist eine ganz schöne Beschreibung für Gott. Dann gibt es noch unabhängig davon weitere Namen wie *Chineke*: Der, der schöpft, der kreativ ist, oder *Chukwu*: Der größte Schöpfer oder Gott.

Natürlich weiß ich, dass das im Leben nicht immer einfach ist. Man kann solches Wissen nicht auf Knopfdruck umsetzen. Mir ist klar, dass viele dennoch Angst vor dem Tod haben. Aber das verdrängen wir ja gerne in unserer Gesellschaft. Der Tod ist eine Realität, wovor viele Menschen Angst haben können, sogar Angst haben müssen, denn Tod ist in Wirklichkeit im Äußersten die Vernichtung. Eben das Gegenteil von Leben. Tod ist: nicht mehr da sein. Tod ist wie der Abschied von dem, was wir jetzt alles sind, haben, was wir können, was oder wen wir lieben, von allem, was wir denken.

Dass Menschen Angst vor dem Tod haben, ist nicht nur verständlich, sondern auch natürlich. Aber: Hier muss man dem Tod mit einem neuen Geist, einem neuen Verständnis entgegentreten. Gestattet mir bitte, dass ich wieder einmal Jesus zitiere, denn den finde ich einfach nur gut. Er sagt auch uns heute, zu Beginn des dritten Jahrtausends: »Fürchtet euch nicht, ich habe den Tod überwunden!« (Joh 16,33). Oder: »Jeder, der lebt und an mich glaubt, wird auf ewig nicht sterben« (Joh 11,26). Es stimmt. Ich habe es erfahren.

Das kannst du
dem Tod entgegenhalten:
die Kühnheit deines Glaubens.
Sosehr du glaubst,
so sehr vergeht die Angst.
Ein wenig Furcht bleibt.
Sterben ist schließlich nicht schön.
Aber Angst? Nein.
Angst bleibt
nicht.

Solidarität/Helfen

Niemand kann einem anderen die Tränen trocknen, ohne sich selbst die Hände nass zu machen

Wie teilt ihr euren Kindern in Deutschland mit, worauf es ankommt im Leben? Dass man die Not des anderen sehen, dass man sich helfen, dass man teilen muss? Wie macht ihr es, das es ihnen tief in die Seele fällt und sie es nie wieder vergessen? Ihr macht es wie wir: Ihr erzählt euren Kindern Märchen.

Ich habe immer gestaunt, dass es in Deutschland so viele gedruckte Märchen gibt. Man muss nur in eine Bibliothek gehen und findet ganze Regale voll Märchenliteratur. Ich habe mir sagen lassen, das sei im Wesentlichen das Verdienst der Brüder Grimm, die vor 200 Jahren durch die deutsche Provinz reisten. Sie ließen die alten Menschen erzählen, notierten alles und trugen so einen wahren Schatz an Weisheit zusammen. Das gibt es leider in Nigeria fast gar nicht, obwohl wir einmal ein Paradies des Märchenerzählens waren. Man kann sagen: Märchen haben uns erzogen, haben uns gesagt, was gut und was böse, was anständig und was ungehörig ist. Sie bildeten die natürliche Grundlage, auf der die Religion nur aufbauen musste. Nur – diese Märchen schrieb niemand auf. Sie wurden mündlich überliefert.

Lernen unter dem Baobab

In den Dörfern traf man sich fast jeden Abend unter dem gewaltigen Baobab, dem Affenbrotbaum, der in meiner Heimat eine große Bedeutung hat. Er ist das Symbol für Schönheit und Schutz, aber auch für den unermesslichen Reichtum des Wissens, dessen Verästelungen man nie ganz erfassen kann. Der Dorfälteste rief, und alle kamen sie aus den Hütten, um den Erzählungen der Alten zu lauschen.

Ja, unsere Alten! Ich denke voller Liebe an sie. Wir achten das Alter, wir ehren unsere Alten. Alter galt in unseren Völkern schon zu einer Zeit, als wir noch nicht Christen waren, als Geschenk der Götter. Alter ist noch heute »heilig« und ein Ausdruck für Weisheit. Afrikanische Gesellschaften respektieren ältere Menschen und wissen sich für sie verantwortlich. Alte sind für uns keine Last, sondern ein Schatz. Die Alten wohnen mitten in der Familie und garantieren Stabilität und geschichtliche Verwurzelung. Hochachtung vor den älteren Menschen hat bei uns eine hohe Bedeutung. Denn sie sind die Überbringer, die

Vermittler vorangegangener Erfahrungen, sie sind so etwas wie die existentielle Verbindung der Vergangenheit mit der Gegenwart.

Alte Menschen sind auf ihre Weise wichtige Brückenbauer. Man könnte auch sagen: Die Alten unter dem Baobab garantieren mit ihrem Wissensreichtum aus der Vergangenheit den Menschen in der Gegenwart die Zukunft von morgen. Und Märchenerzählen war ihr Medium.

Das Geheimnis der Märchen

Märchen muss man in die hereinbrechende Nacht erzählen; sie sind, sagt man, wie der Mond, der durch sein Licht den Menschen im Dunkeln den richtigen Weg weist. Nun hatte vor 40 oder 50 Jahren kaum jemand ein Radio, geschweige denn ein TV-Gerät. Ein guter Märchenerzähler, so kommt es mir vor, war besser als eine ausgetüftelte Hollywood-Filmproduktion. Der Märchenerzähler arbeitete nämlich nicht nur mit dem Mund. Die Geschichten ereigneten sich als ein komplexes Kunstwerk aus Sprache, Gesang, Trommelmusik und Tanz, bei dem die Zuhörer aktiv einbezogen wurden. Wenn heute ein Ältester die Dorfgemeinschaft einlädt, kommen manchmal nur eine Handvoll Leute, weil gerade irgendeine dumme Soap über den Bildschirm flackert, die keiner verpassen möchte.

Vor allem aber sterben die wunderbaren alten Leute aus, die wahre Meister im Märchenerzählen waren und den Erinnerungsschatz von Generationen mit ins Grab nehmen, so dass man sagen muss: »Mit jedem Greis, der in Afrika stirbt, verbrennt eine Bibliothek.« Dies Wort prägte der berühmteste Märchensammler Westafrikas, der Philosoph und Historiker Amadou Hampathé Bá aus Mali. Junge Wissenschaftler fahren heute mit Fahrrädern über die Dörfer, um die letzten Reste der Weisheit auf Speichermedien zu bannen, sie dann aufzuschreiben und zu drucken.

Freudehaben ist Lernen – Lernen ist Freudehaben

Was wollten die Alten mit ihren Märchen? Wollten sie uns belehren? Ich glaube, sie wollten uns zuallererst erfreuen. Ein Märchenerzähler war vieles in einem. Er war Dichter, Sänger, Lehrer, Tänzer, Seelsorger, Narr und Philosoph in einer Person. In Afrika Priester zu sein ist undenkbar, ohne aus der Tradition der Märchenerzähler zu schöpfen. Ein Prediger, der wie angewurzelt hinter dem Lesepult stehen bleiben würde, um etwas Gedrucktes vorzulesen, würde sich bis auf die Knochen blamieren. Das kann kein Weiser, kein »Ältester« sein, würden sich die Leute denken, denn eine Predigt zu hören, das ist für sie, wie unter dem Baobab zu sitzen.

Vor einiger Zeit las ich über den österreichischen Künstler André Heller, der zuerst chinesische und dann afrikanische Künstler und Akrobaten nach Westeuropa gebracht hatte. Jemand fragte ihn, worin sich die Kunst der beiden Kontinente unterscheide. Von den Chinesen sagte Heller: »Die Chinesen haben ihre Künste erfunden, um Gott zu erstaunen. Die Artistik dort beruht auf einer 2000 Jahre alten mönchischen Tradition: Man wollte dem Schöpfer zeigen, welch ungewöhnliche Wesen er mit den Menschen geschaffen hat.« Und von uns sagte er: »Die Afrikaner wollen etwas vollkommen anderes: Sie wollen Freude haben. Das ist für den deutschsprachigen Raum, wo die schlechte Laune Kultstatus hat, eine Provokation.« Das ist richtig gesehen, aber unser Freudehaben und Freudemachen ist nicht selbstbezogen und egoistisch (wie man meinen könnte, wenn man André Heller hört); es ist Religion. Indem wir erzählen, tanzen, singen, das Leben feiern, fühlen wir, wie es *ist*, wie sich die Wirklichkeit im Ganzen anfühlt, und so lernen wir und werden – vielleicht – ein bisschen weise.

Erzähl mir die Wahrheit!

Wir haben nicht viel Sinn für Theorie. Wir möchten die Wahrheit erzählt bekommen. Deshalb lieben wir Parabeln und bildhafte Vergleiche so sehr. »*Niemand kann einem anderen die Tränen trocknen, ohne sich selbst die Hän-*

de nass zu machen« – das kann man sich merken. Dieses Wort sagt mehr über Solidarität aus als eine ausgefeilte Theorie vom Helfen. Sieh die Tränen! Wisch sie weg! Es wird dich berühren, du wirst berührt, angegriffen, verändert, vielleicht sogar beschmutzt werden, wenn du Not linderst. Aber es ist gut so. Es muss sein. Es geht gar nicht anders, wenn du Mensch unter Menschen bist. »Es macht nicht einmal Spaß«, sagte der kleine, dicke Papst Johannes XXIII. – auch so ein geheimer Afrikaner! –, »das Gute ohne Schwierigkeiten zu tun.«

Ich selbst habe mich immer wieder bemüht, ein guter Märchenerzähler zu sein. Soll ich euch ein Märchen erzählen? Ja – ich erzähle euch ein Märchen! Das von der eifersüchtigen Königin. Und dann erzähle ich euch noch etwas vom Fußball. Das interessiert euch mehr? Okay. Lest aber trotzdem erst das Märchen, sonst versteht ihr die Pointe mit dem Fußball nicht!

Das Märchen von der eifersüchtigen Königin

Da war einmal ein reicher König, der lebte mit mehreren hundert Dienern in einem herrlichen Palast. Seine Untertanen liebten ihn, weil er gerecht und klug regierte. Als der König alt wurde, sorgte er sich, wer einmal sein Nachfolger auf dem Thron sein könnte. Zusammen mit seiner Frau hatte er sieben Töchter, aber keinen Sohn.

Deshalb sagte er zu seiner Frau: Wenn du mir keinen Sohn schenken kannst, dann muss ich mir eine zweite Frau nehmen, denn ich will die Königskrone meiner Familie sichern. In Afrika ging das. Seine Frau antwortete ihm: Ich erwarte ein achtes Kind. Sicher wird es diesmal ein Sohn! Da begann der König zu hoffen und erklärte, er wolle die Geburt des Kindes noch abwarten. Das ganze Königreich wartete nun auf die Geburt des ersehnten Sohnes, und so versammelte sich eine große Menschenmenge vor dem Palast, um am Tag der Niederkunft die gute Nachricht zu vernehmen. Unmittelbar nach Einbruch der Dunkelheit trat der Hauptmann der königlichen Wache vor das Tor und verkündete mit unbewegtem Gesicht die Geburt – ihr ahnt es – eines Mädchens.

Der Jubel war klein im Volk. Besonders enttäuscht, ja zornig war der König über die Geburt seiner achten Tochter. Drei Tage schloss er sich ein, um anschließend seiner Frau mitzuteilen, er werde sich nun eine zweite Frau nehmen. Die Königin war entsetzt und weinte bittere Tränen. Dem König sagte sie: Ich weiß, im ganzen Königreich ist der Wunsch groß nach einem Thronfolger. Wie sollst du dich diesem Wunsch verweigern? Du musst mir nun versprechen, dass ich deine Hauptfrau bleibe und allein mit dir im Palast wohne. Für deine zweite Frau kannst du ja ein kleines Haus hinten im Park bauen lassen.

Der König war entsetzt von diesem Vorschlag, doch seine Frau drohte ihm, sie werde sich etwas antun, wenn er ihr diesen Wunsch nicht erfülle. Ihrem Mann gab sie einen Tag Bedenkzeit. Der König ging nun in der Vorhalle des Palastes auf und ab und kam zu dem Entschluss, dem Wunsch seiner Frau zu entsprechen, weil er fürchtete, sie würde sich sonst umbringen. So gab er den Bauleuten die Anweisung, im Park ein kleines Haus zu errichten.

Im ganzen Land erzählte man sich natürlich bald von der bevorstehenden Hochzeit des alten Königs. Viele reiche Väter kamen in den Palast, um dem Herrscher die Hand ihrer Tochter anzubieten. Er konnte sich für keines der jungen Mädchen entscheiden; sie waren alle so alt wie seine älteste Tochter. So entschied er sich schließlich für die arme Witwe eines Jägers, zu der ihn seine Frau überredet hatte. In dieser Frau glaubte sie keine ernsthafte Nebenbuhlerin sehen zu müssen. Die Hochzeit fand schließlich auf Wunsch der eifersüchtigen Königin statt: schmucklos und in kleinstem Kreis. Für die arme Zweitfrau des Königs wurde es trotzdem der schönste Tag ihres Lebens. Das kleine Haus, das der König in der äußersten Ecke des Parks hatte bauen lassen, kam ihr vor wie ein großer Palast.

Sie war so froh und glücklich, dass sie den Hass der Königsfrau gar nicht bemerkte. Nach der Hochzeit begann für die zweite Königsfrau ein trostloses Leben, denn von den Dienern wurde sie nicht geachtet. Die Hauptfrau hatte allen am Hofe untersagt, der zweiten Frau des Königs irgendeinen Wunsch zu erfüllen. Nicht einmal der Koch durfte Speisen in das kleine Haus bringen. Je länger, desto mehr fand sich die zweite Frau einsam und verlassen. Bei den Palastwachen musste sie sich ihr Essen erbetteln, denn der Koch traute sich nicht, ihr etwas Essbares zu bringen. Der alte König wusste von alldem nichts. Er ahnte nicht, was seine Hauptfrau für Anweisungen gege-

ben hatte. Nur wunderte er sich, dass seine zweite Frau immer traurig war. Diese wiederum hatte nicht den Mut, ihrem Mann die Wahrheit über ihr Leben zu sagen, weil sie glaubte, der König selbst habe die ungerechten Befehle erteilt.

Doch eines Tages schien ihr Leben eine gute Wendung zu nehmen, denn sie merkte, dass sie bald Mutter sein würde. So lief sie voller Freude und erzählte ausgerechnet der herzlosen Hauptfrau des Königs zuallererst die gute Nachricht. Die Hauptfrau erschrak und malte sich aus, was passieren würde, wenn nun ein Sohn zur Welt käme. Vom selben Tag an verstärkte sie ihren Hass gegen die Zweitfrau und zwang sie, im Palast die niedrigsten Arbeiten zu verrichten.

Kurz vor der Geburt jedoch ging die Königsfrau zu ihrer Nebenbuhlerin und machte ihr ein Angebot. Sie dürfe die letzten Tage vor der Geburt im Palast verbringen und solle das Kind in einem schönen Zimmer zur Welt bringen. Da lachte die Zweitfrau und freute sich. Sie hoffte nun endlich auf ein besseres Leben. Umso mehr erschrak sie, als die Hauptfrau von ihr verlangte, falls sie ein Mädchen zur Welt bringe, wolle man dieses am Fluss aussetzen, damit es dort verhungere. Dem gemeinsamen Gemahl werde man dann berichten, dass ihm ein totes Kind geboren worden sei. Diese Nachricht würde ihn weitaus weniger zornig machen als die Nachricht von der Geburt eines weiteren Mädchens. Sollte aber ein Junge zur Welt kommen, so werde man den Gemahl sofort herbeirufen und mit allen ein Fest der Freude feiern. Weil die zweite Frau fest damit rechnete, einen Jungen zur Welt zu bringen, stimmte sie dem Vorschlag schweren Herzens zu.

Sie ahnte nicht, dass die Hauptfrau auch dann das Kind aussetzen wollte, wenn es ein Junge sein würde. In der Bosheit ihres eifersüchtigen Herzens plante sie, der zweiten Frau zu erzählen, sie habe leider einem Mädchen das Leben geschenkt. Als der Tag der Geburt herannahte, verband sie die Augen der Zweitfrau mit einem undurchsichtigen Tuch. »Was tust du?«, fragte sie. »Du wirst sehen«, sprach die Hauptfrau, »so lassen die Schmerzen deutlich nach. Meine Mutter hat dies früher auch immer so gemacht bei der Geburt.« Die gutmütige Zweitfrau ahnte nicht, dass die Hauptfrau ihr die Augen nur verband, um ihr das Kind zu entwenden. Tatsächlich gebar die Frau einen Sohn. »Ein Mädchen hast du geboren! Ein Mädchen!«, rief die Erstfrau, nahm das Kind der verhassten Nebenbuhlerin und lief in höchster Eile durch den Hinterausgang aus dem Palast.

Am Fluss legte sie das Neugeborene ins hohe Gras am Ufer. Eine alte Frau aber beobachtete sie dabei. Als die Frau des Königs gegangen war, suchte sie das Flussufer ab und fand den friedlich schlafenden Jungen. Sie nahm ihn mit in ihre Hütte, gab ihm Milch und legte ihn auf ihr großes Bett. Die Hauptfrau war inzwischen zu ihrem Gemahl gelaufen und erzählte ihm, ein totes Mädchen nur sei ihm geboren worden. Als der König die böse Nachricht hörte, fiel er in tiefe Trauer und sprach: »Ein Fluch der Götter liegt auf meinem Haus, dass mir kein Sohn geboren wird. Nur Mädchen sind es, und nun werden sie gar schon tot geboren!«

Von Tag zu Tag fiel er in tieferen Trübsinn und gab schließlich die Hoffnung auf einen Thronfolger ganz auf. Die Zweit-

frau wurde nun noch schlechter von der ersten Frau des Königs behandelt. Sie musste im Palast die schwersten Arbeiten verrichten und durfte erst spätabends in ihr Haus zurück. Dort dachte sie viel über das traurige Schicksal ihres Töchterchens nach. Immer wieder flehte sie die Götter um Hilfe an. Auch der König kümmerte sich nicht mehr viel um sie. Ihre Jahre bestanden aus Leid und schwerer Arbeit.

Die alte Frau am Fluss hatte in all diesen Jahren den jungen Königssohn gut großgezogen. Wer immer neugierig war, dem erzählte sie, der Junge sei ihr Urenkel aus einem fernen Land. Die wahre Herkunft des klugen und hübschen Knaben verschwieg sie. Doch als der Prinz ungefähr fünf Jahre alt war, fragte er die alte Frau, wer seine Eltern seien. Und da die alte Frau ihren eigenen Tod nahen sah, gab sie das Geheimnis seiner Herkunft preis: Du bist der Sohn eines reichen und edlen Mannes. Wenn du möchtest, können wir deine Eltern besuchen. Wir müssen aber erst zum König und um Erlaubnis bitten, das Land verlassen zu dürfen, weil deine Eltern in einem fernen Königreich leben.

Der junge Prinz war überglücklich. Doch der alten Frau traten beim Anblick des glücklichen Kindes die Tränen in die Augen. Sie fürchtete nämlich, ihren jungen Schatz zu verlieren und allein in der Hütte weiterleben zu müssen. Am nächsten Tag zog sie ihm das beste Gewand an und sie machten sich auf den Weg zum königlichen Palast. Ganz aufgeregt wollte der Junge wissen, ob sie denn wohl bis zum König selbst kämen oder nur mit einem Diener sprechen könnten. »Wir wollen doch hoffen, dass man uns zum König selbst führt«, meinte die Alte.

Sie kamen sehr früh morgens am Palast an und erbaten beim schläfrigen Türhüter um Einlass. »Ich möchte den König sprechen und ihm eine frohe Nachricht bringen«, sagte die Alte. »Der König schläft noch«, brummte der Türhüter. »Ich werde euch rufen, sobald der Herrscher bereit ist, euch zu empfangen. Sagt mir doch bitte, wen ich melden soll!« Die Alte wiederholte, sie wolle dem König eine ganz wichtige Botschaft überbringen. Doch die Palasttore wurden verschlossen und die Besucher mussten in der Morgenfrische warten.

Der junge Prinz war beeindruckt von den Palastmauern und wollte wissen, ob der König auch Kinder habe. »Ja«, sagte die Alte, »acht Töchter hat der König – und einen Sohn.« Am Mittag endlich wurden sie in den Palast eingelassen und zum König gebeten. Im Thronsaal empfing sie der ernste König. Neben ihm stand seine Hauptfrau, die nicht ahnte, wer vor dem König stand. »Allein möchte ich mit dir sprechen, König«, sagte die alte Frau, »zu wichtig ist die Nachricht, als dass sie jeder hören könnte.« Da schickte der Herrscher alle Diener hinaus. Aber die Alte bestand darauf, dass auch die Königsfrau den Saal verließ. »So geh auch du hinaus«, sprach der König zu seiner Frau. Da trat die Alte zum König hinzu und flüsterte ihm lange etwas ins Ohr und erzählte die ganze Geschichte.

Während sie noch redete, hellte sich das Gesicht des Königs auf und sein sorgenvoller Gesichtsausdruck verschwand. Mit Wohlgefallen betrachtete er den jungen Mann, den die alte Frau vor sein Gesicht gebracht hatte. Dem jungen Prinzen, der noch nicht ahnte, seinem Vater gegenüberzustehen, rief er zu: »Komm zu mir, Sohn!« Der Junge trat hinzu und der alte König erkannte sein Gesicht im Gesicht des jungen Mannes. Da wurde er überaus glücklich. »Du bist also mein Sohn«, sagte er, während der Junge langsam begriff, dass niemand anderer als der König selbst sein Vater war. Sie schlossen sich herzlich in die Arme, und weil der Prinz auch seine Mutter kennen lernen wollte, ließ der König seine zweite Frau rufen. Diese konnte ihr Glück kaum fassen und umarmte ihren Sohn hundert Mal.

Die eifersüchtige Erstfrau verbannte der König sofort an die äußerste Grenze seines Reiches und verbot ihr bei Todesstrafe die Rückkehr. Die Zweitfrau aber erhob er zur alleinigen Frau des Königs, und ihr Leid hatte für alle Zeit ein Ende. Zusammen mit der alten Frau vom Fluss, die für den Prinzen eine Großmutter geworden war, lebten sie glücklich im Palast. Später wurde der Prinz König und regierte genauso gerecht und milde wie sein Vater.

Dat is *nit* dem sinne Bier!

Warum erzähle ich euch dieses Märchen, wo es um Solidarität und Helfen geht? Weil es immer so ist: Wir sind wie die alte Frau am Fluss. Eigentlich haben wir mit dem Leid der anderen nichts zu schaffen. Was geht es uns an, dass Ungerechtigkeit und Betrug in der Welt herrschen? Was haben wir mit irgendwelchen Intrigen irgendwelcher

Leute zu schaffen? Wir können uns doch nicht um alles kümmern! Wie oft habe ich im Rheinland den Spruch *»Dat is dem sinne Bier!«* gehört. Sosehr ich mich jedes Mal auf ein gutes Glas Kölsch freue, wenn ich wieder einmal bei meinen Freunden bin, so muss ich doch sagen: Mit diesem Bierspruch, Freunde, kann man mich jagen; ich kann ihn auf den Tod nicht leiden!

Das Märchen bringt uns zurück auf die Spur des richtigen Lebens. Die Verhältnisse können noch so ungerecht sein, die Bosheit der anderen kann noch so groß, die Pläne der Heimtückischen können noch so teuflisch sein. Eines Tages nimmt das Geschick eine unerwartete Wendung. Du wirst aufmerksam. Du regst dich über etwas auf. Du ziehst dir den Schuh an. Ein Stadion voller Leute schaut zu. Du – du allein – kriegst den Ball vor die Füße gespielt! Du! Du! Du!

Wehe du sagst jetzt: *»Dat is dem sinne Bier!«* Dat is *nit* dem sinne Bier! Weit und breit ist niemand. Nur du kannst das Tor erzielen! Wehe du versagst! Dann weinen Himmel und Erde über die verpasste Chance. Penner! – rufen selbst die Engel im Paradies. Alles kann gut ausgehen, wenn du auf Draht bist. Und alles wird katastrophal enden, wenn du pennst und schön brav bei deinem Bierchen bleibst. Denk mal an Biafra und was ich darüber in meinem letzten Kapitel geschrieben habe. Da gab es auch so einige, die sagten: *Dat ist denne ihr Bier!* Zwei Millionen Menschen starben. 80 % waren Kinder. Bier ist nicht für Kinder.

Mach ihn nass!

Als Fußballspieler, glaubt mir, war ich nicht ganz schlecht. »Mach ihn nass, Obi!«, riefen sie mir vom Spielfeldrand her zu, wenn ich ab und an in der Studentenmannschaft kickte und mich mit dem Ball am Fuß Richtung gegnerisches Tor vortankte. Ich musste mich bei Martin erkundigen: »He, was meinen die? Mach ihn nass?« – »Das ist so eine Redewendung. Du sollst ihn umdribbeln!« – »Ah, so!«, lachte ich, hatte ich den Sinn doch instinktiv schon längst verstanden: *Niemand kann ein Tor schießen, ohne die Hintermannschaft des Gegners mal richtig nass zu machen.*

Macht kaputt, was euch kaputt macht!

Das Märchen aus meiner Heimat Afrika hat aber noch eine zweite Solidaritätspointe. Sie betrifft die böse Königin. Ja, war sie denn eigentlich böse? Sie war nur sauer, dass ihr das Schicksal so übel mitspielte. Meine Mutter hat mir immer deutlich gesagt: Ein Kind zu bekommen, das ist kein Kinderspiel! Einige Frauen haben Glück, da ist es wie der Besuch beim Zahnarzt. Flutsch – und das Kind ist da. Aber andere Frauen sterben fast dabei. Es geht total an ihre Substanz. Und nun stellt euch vor: Achtmal hat die Frau einem Kind das Leben geschenkt. Acht Kinder liebte sie wie eines. Achtmal wurden die Gesichter der

Umstehenden immer länger: Wieder nur ein Mädchen! Ein Kind zu bekommen, das ist doch das Größte. Aber ihre Kinder wurden begrüßt wie Unkraut, wie lästiges Ungeziefer. Wie sollte sie nicht bitter werden? Und nun wurde sie abgetan. Eine andere, eine Jüngere, würde kommen. Vielleicht schon beim ersten Mal würde ihr gelingen, was ihr, der rechtmäßigen Frau des Königs, auf immer verwehrt blieb. Sie würde einen Sohn bekommen. Das ganze Land würde jubeln – und sie und ihre Töchter wären abgetan. Fehlversuche des Lebens. Nein – nicht mit ihr! Sie würde das Schicksal korrigieren. Sie würde Gerechtigkeit herstellen, wenn schon die Metaphysik nicht dafür sorgte.

Und plötzlich kippte ihr Leid in ein Verbrechen um. Tragisch – aber aus der Frau, die Größe hätte haben können in der Hinnahme ihres Schicksals, wurde die Verbrecherin, die das Glück anderer vernichten wollte. *Man muss auch jönne könne*, sagt der Rheinländer, wenn er vielleicht auch nicht ahnt, wie tief der Spruch gemeint sein kann. Keinen Neid, keine Eifersucht zulassen! Sie sind zerstörerisch. Sie machen kaputt. Macht kaputt, was euch kaputt macht, das war einmal ein kämpferischer Spruch in Deutschland. Er war gegen die Gesellschaft gerichtet, was nicht klug ist. Aber diesen Spruch möchte ich heute in diesem neuen Sinn reaktivieren: Macht kaputt, was euch kaputt macht – nämlich Eifersucht und Neid. Seid klug – und nicht dumm!

Solidarität bedeutet auch: Vergleiche dich nicht! Freue

dich am Glück des anderen, selbst wenn es dein Unglück ist! Glaube fest an Gott! – denn nur der Glaube bewahrt dich vor Eifersucht. Der Glaube sagt dir nämlich: Ob du hier Glück oder Unglück hast, ist nicht entscheidend. Hadere nicht! Wenn du dich am Glück des anderen orientierst, wirst du immer unzufrieden und unglücklich. Sei froh und dankbar für alles, was dir geschenkt wird! Und du wirst reich sein.

Am Ende der Tage
wird nicht nach Glück
und Unglück abgerechnet,
sondern danach, ob du
das Gute mit Kraft gefördert
und das Böse mit Wut verfolgt hast.
Mit Wut – sage ich!

Theorie ist zu wenig

Und noch etwas: Sei nicht bloß *theoretisch* für das Gute! Davon hat niemand etwas. Das gilt für alle Bereiche des Lebens: Familie, Wirtschaft, Politik, Kultur. Wir können keine Doppelpersönlichkeit sein: in der Politik jemand und im privaten Leben jemand anderes. Das fällt immer irgendwann auf – und wird dann peinlich. Authentische Persönlichkeiten werden gesucht. Der Christ ist ein integrales Wesen, der seinen Glauben mitnimmt – in seine Welt, in seine Technik, in seine Überzeugung, in seine Gerechtigkeit, in seinen Frieden, in seine Liebe, in die Hoffnung, in seine Werte, in seine Tugenden, in seine Offenheit für Gottes Schöpfung. Christsein ist kein theoretisches Für-wahr-Halten, sondern die Wirklichkeit, in der man lebt und glaubwürdig ist durch Taten.

Mann und Frau

Übrigens: Der Unterschied zwischen Mann und Frau ist in der afrikanischen Sprache der Unterschied zwischen Himmel und Erde. Die Erde ist fruchtbar, die Erde gibt uns die Früchte, die Erde nimmt uns auf, wenn wir sterben, die Erde ist so stabil und stark, wir alle stehen auf ihr, die Erde empfängt und gibt. Der Himmel lässt den Regen kommen, der die Erde befruchtet. Und hier kann man schon erkennen, dass das Zueinander von Mann und Frau symbiotisch zu verstehen ist. Vom Himmel kommt die Sonne, die Erde gibt das Resultat. Vom Himmel kommt das Wasser, die Erde gibt die Früchte. Und wenn wir sterben, kommen wir alle wieder zur Erde. Wir stehen im Bauch der Erde. Das ist der Unterschied zwischen Frau und Mann, aber ein Unterschied, der sich ergänzen muss, weil beides gebraucht wird. Wir brauchen den Himmel und ebenso die Erde.

Gesundheit

Der Mensch ist die Medizin des Menschen

Wenn ihr einmal in Afrika gewesen seid, werden euch die Bilder im Gedächtnis haften geblieben sein, wie viele Kranke, von Krankheit Gezeichnete und Invaliden das Bild unseres Alltags in den Städten und auf den Dörfern bestimmen, bis hin zu den armen Jugendlichen mit den Armstümpfen, von denen ich an anderer Stelle geschrieben habe, dass sie der Scharia zum Opfer gefallen sind. Man sieht junge Leute mit zum Teil behelfsmäßigen Krücken, man sieht Krumme, Bucklige, Blinde, zahnlose Münder, narbige Gesichter. Wenn ich in Deutschland bin, habe ich immer den Eindruck, mich unter einer anderen Sorte Mensch zu bewegen, nicht nur, was die Hautfarbe betrifft. Alle sind sie gesund. Kaum einmal, dass man einen Menschen sieht, der weiße Haare hat oder dessen Zähne nicht »saniert« sind. Merkwürdig, diese Leute scheinen *doch* zu sterben.

Das höchste Gut?

Das ist jetzt ein heikles Thema. Denn Krankheiten *gibt es*, auch wenn es Meister im Verstecken von Krankheit gibt. Wenn man diese »gesunden« Deutschen dann besser kennen lernt, hört man, wo es drückt und zwickt. Nein, keinen Zucker in den Kaffee! »Wollen Sie mich umbringen?« Der Blutdruck! Die Leberwerte! Manchmal findet man Leute, mit denen man sich über nichts anderes unterhalten kann als über Gesundheit. Doch nicht nur in Deutschland heißt es immer wieder: Hauptsache gesund! Ja, ich habe sogar schon mal einem Priester zugehört, der eine Glückwunschrede nur um das Thema Gesundheit herumbaute – das sei doch nun mal das »höchste Gut«, das sei doch die »Hauptsache«! Ich traute meinen Ohren nicht. Am liebsten wäre ich aufgesprungen und diesem Priesterkollegen in die Parade gefahren.

Das »höchste Gut«, die »Hauptsache« – ich kann es nicht fassen! Davon leben dann eure Krankenkassen sehr gut. An der Sehnsucht, ganz gesund zu sein, werden sie sehr reich. An der Angst der Versicherten, krank werden zu können und nicht ganz gesund zu sein, stoßen sie sich gesund. Hauptsache gesund – das ist eine gefährliche Dummheit. Hauptsache? Man muss nur einmal in der Bergpredigt nachlesen, wie Jesus solchen Unsinn kommentierte: »Und wenn dich deine rechte Hand zum Bösen verführt, dann hau sie ab und wirf sie weg! Denn es ist besser für dich, dass eines deiner Glieder verloren geht, als dass dein ganzer Leib in die Hölle kommt« (Mt 5,30).

Ein besonderer Gesundheitsapostel scheint Jesus nicht gewesen zu sein, wenn man da oben besser zerstückelt als böse ankommen darf. Andererseits scheint Jesus die Kranken geradezu magisch angezogen zu haben. In der Gesellschaft Jesu finden sich Blinde, Taube, Aussätzige, Behinderte, auch eine blutflüssige Frau, ja man wendet sich sogar an Jesus, wenn Menschen schon gestorben sind. Man brachte Besessene zu ihm, und es heißt bei Matthäus zu all diesen Erscheinungen: »Dadurch sollte sich erfüllen, was durch den Propheten Jesaja gesagt worden ist: Er hat unsere Leiden auf sich genommen und unsere Krankheiten getragen« (Mt 8,17).

Warum unsere Gemeinden leuchten

Wisst ihr, warum ich stolz bin auf die christlichen Gemeinden in meinem Heimatland? Weil ich in jeder von ihnen den Geist Jesu atme! In einem unvorstellbaren Meer von Krankheit und Leid ist jede christliche Gemeinde – so unvollkommen sie sonst sein mag – eine Insel der liebevollen Annahme für Kranke, körperlich und geistig Behinderte, Alte. Wenn unsere Leute eines gelernt haben, so das, was der Mönchsvater Benedikt von Nursia schon vor 1500 Jahren seinen Mönchen einbläute: »*Die Sorge für die Kranken muss vor und über allem stehen: Man soll ihnen so dienen, als wären sie wirklich Christus; hat er doch gesagt: ›Ich war krank, und ihr habt mich besucht‹* (Mt 25,36), *und: ›Was ihr einem dieser Geringsten getan habt, das habt ihr mir getan‹* (Mt 25,20). *Aber auch die Kranken mögen bedenken, dass man ihnen dient, um Gott zu ehren; sie sollen ihre Brüder, die ihnen dienen, nicht durch übertriebene Ansprüche traurig machen.«*

Ja, bei uns gibt es viele Kranke. Sie leben in unserer Mitte, werden gepflegt und beteiligen sich, so gut sie können am Gemeinschaftsleben. Wir haben auch einen besonderen Blick auf das, was wir Krankheit nennen. Früher hieß es in Afrika: Er ist krank? Dann ist er von einem bösen Geist besessen. Das glauben wir so nicht mehr. Jedoch ist bei uns in Afrika das Kranksein ein Mangel von allem zugleich. Es ist nicht möglich, Kopfweh zu haben, ohne im Ganzen einen Mangel zu haben. Aus diesem Grund ist auch der Heilungsprozess bei uns nicht nur Heilung am Körper, sondern auch Heilung durch einfache Anwesenheit, durch Liebe, durch das Gebet, durch Spiritualität und durch Symbolik.

Unsere Krankenhäuser kann man an den Fingern einer Hand abzählen. Wir können die Kranken nicht separieren und zu Profis wegschicken. Wir haben die wunderbare Gelegenheit, den anderen Liebe und Güte zu zeigen. Wir haben die Chance, das Gute zu vermehren, zu vervielfältigen. Die Kranken gehören zu uns. Wir wollen sie – ohne den Zustand einer mangelhaften Gesundheitsfürsorge zu verklären – in gewisser Weise nicht einmal wegschicken, denn wir lernen so viel von ihnen. Sie machen, dass in unserer Gesellschaft ein Unterschied ist zwischen Christen und Nichtchristen. Sie machen, dass es bei uns auf eine völlig demütige und unprätentiöse Art »leuchtet«. Es war euer Dichter Heinrich Böll – wir kennen ihn auch in Afrika –, der unsere Wahrheit in Worte fasste: »Selbst die allerschlechteste christliche Welt würde ich der besten heidnischen vorziehen, weil es in einer christlichen Welt Raum gibt für die, denen keine heidnische Welt je Raum gab. Für Krüppel und Kranke, Alte und Schwache; und mehr noch als Raum gab es für sie: Liebe – für die, die der heidnischen wie der gottlosen Welt nutzlos erschienen und erscheinen.« 1985 starb Heinrich Böll, der Kölner, in Kreuzau-Langenbroich, ganz in der Nähe meines Studienortes.

Die pumperlgesunden Lumpen

Versteht ihr jetzt das Wort: Der Mensch ist die Medizin des Menschen? Vielleicht gibt es Krankheit auch deshalb in der Welt, dass wir einander helfen und aneinander gesund werden. Dass wir sehen: Gesundheit ist ein hohes Gut, aber sie ist nicht alles. Es gibt unheilbar Kranke, die so weise und gut sind, dass sie die höchsten Gipfel des Menschseins erklommen haben. Und es gibt Menschen, die sind, so sagen die Bayern – ich musste immer über den Ausdruck lachen –, »pumperlgesund«, aber sie sind Lumpen, Gauner und Betrüger. Jetzt mache ich mal was für die Bayern; ich erfinde eine Wort für sie: Diese Leute, sage ich, sind *lumperlgesund.*

Nein, man kann sehr krank – und trotzdem auf eine tiefe Weise gesund sein. Selbst wenn ich einmal so krank sein würde, dass ich mir wie gekreuzigt vorkomme, weil ich nicht mehr den kleinsten Finger rühren könnte, kann ich ein wunderbarer, vollkommener Mensch sein. Ja, ich kann Gott Gelegenheit geben für den letzten Erweis seiner Liebe. Sagte nicht Papst Johannes Paul II., mein besonderer Freund im Himmel: *»Im Kreuz neigt sich Gott am tiefsten zum Menschen herab … Im Kreuz werden gleichsam von einem heiligen Hauch der ewigen Liebe die schmerzlichsten Wunden der irdischen Existenz des Menschen berührt«*? Nie werde ich vergessen, wie der Papst im März und April 2005 sein Leiden öffentlich machte und es so vereinigte mit allen gleichzeitigen Leidensgeschichten der Erde und mit dem Leiden seines Herrn im Himmel.

Mit den Bäumen sprechen

Ich möchte noch einen anderen Aspekt erwähnen. Werfen wir doch einen Blick auf die Schöpfung. Wir Menschen sind Teil dieser Schöpfung, ihres Werdens und Vergehens. In uns ist ihr Blühen, ihre Herrlichkeit, ihre Gefährdung und ihr Sterben.

Wir in Afrika reden sogar mit den Bäumen. Die Bäume verstehen das. Und das ist auch eine Art Umgang mit der Natur. Und zugleich ist es ein neuer, humaner Umgang mit uns selbst. Fangt an, mit den Bäumen zu sprechen! In unserer Vorstellung der Symbolik sagen sogar die Bäume etwas, und die Menschen verstehen das. Vögel sagen etwas, und es wird von Menschen verstanden. Die Menschen sagen etwas, und die Tiere verstehen es. Das ist eine Welt, die sehr schön ist. Diese Welt gibt es nicht nur für und in Afrika. Lernt den Respekt, die Achtung vor der Natur neu!

Lernt die Verheißung der Dinge verstehen! Wir sind aus Erde genommen; aus Lehm (Gen 2) hat Gott den Menschen gemacht. Sollten wir nicht die Erde lieben, sie umarmen? Mit meinem Leib werde ich auferstehen, dem Leib, der hier zerfällt, wie alles Irdische zerfällt, so schön es zeitweise auch ist. Gesundheit ist eine Hoffnung für den Himmel. Sonst ist sie nur eine flüchtige Herrlichkeit wie das Blühen der Bäume im Frühling, die im Herbst ihre Blätter verlieren. Kein höchstes Gut also, sondern eine Verheißung. Im Johannesevangelium Kapitel 10, Vers 10 ist für mich eine ganz starke Aussage von Jesus: »Ich bin gekommen, damit sie das Leben in Fülle haben.« Und dieses Leben in Fülle bedeutet für einen Afrikaner ganz konkret: Leben in und mit der Natur, in und mit der Umwelt, mit Mitmenschen, und zugleich: Leben im Jenseits, im Geistigen. Denn die materielle Welt ist für einen Afrikaner nie nur toter Stoff.

Aus den Bäumen
flüstert es.
Es spricht
der Sprung
einer Raubkatze,
wie der Gang
einer Schildkröte
zum Weisen
redet.

Uns Afrikanern ist das sehr nahe. Wir spüren in der Natur: Das Geistige, es ist *da*. Und sie ist da – die Verbindung zum Heiligen Geist, der uns allen gegeben ist und der uns befreit zur Freiheit. Worte sind eigentlich zu klein, um das auszudrücken, was man in Wirklichkeit sagen will, denn Geist ist ja die Zusammenfassung von dem, was wir als Lebensdynamik haben, die Kraft Gottes, die uns führt.

Es gibt Heiler bei uns

Jesus ist gekommen, um uns die Kraft seines Geistes zu schenken. Sie macht heil. Ja, es gibt wirkliche Heiler bei uns in Afrika, wie es bei den Urchristen Heiler aus dem

Glauben gab. Das war gar nichts Ungewöhnliches. Und es ist auch heute nichts Ungewöhnliches, wo die Kraft des Glaubens wie ein Vulkan durch die menschliche Skepsis bricht. Hat Jesus den Aposteln nicht die Vollmacht zum Heilen geschenkt? Hat er, der so viele Menschen zeichenhaft gesund machte, ihnen nicht gesagt: »Amen, amen, ich sage euch: Wer an mich glaubt, wird die Werke, die ich vollbringe, auch vollbringen und er wird noch größere vollbringen« (Jo 14,12)?

He, ihr mit eurem aufgeklärten, dünnen Glauben – glaubt ihr das? Ihr müsst es nicht glauben. Kommt nach Afrika. Dort könnt ihr Heilungen sehen! Und wenn tausendmal Voltaire in euch ruft: »Es kann nicht sein!« Schaut es euch doch an, dann könnt ihr immer noch zum Grab von Voltaire zurückkehren. Erst kommt die Wirklichkeit und dann kommt die Theorie. Können wir uns darauf einigen, dass es Wirklichkeiten gibt, für die man die passende Theorie noch finden muss? Oder sollen wir die Wirklichkeit abschaffen, weil sie nicht zur Theorie passt?

Warum es Heilungen gibt? Was weiß ich, wie es sich genau verhält. Ich bin Christ und glaube: Wir leben im Heiligen Geist, der die ganze Schöpfung belebt. Warum sollte er nicht einen Menschen gesund machen können? Wenn wir den Geist ausklammern, wenn wir hier Lücken und Defizite zulassen oder verursachen und diese Verbindung mit dem Schöpfer nicht pflegen, dann werden wir wirklich, entweder geistig, seelisch oder leiblich krank.

Und noch etwas Wichtiges: Wenn wir die Stimme Gottes, den Geist Gottes vergessen und nicht nach dem Gewissen handeln oder Gott nicht hören, dann hören wir auf einen anderen Geist. Und das ist der böse Geist. Gottes Geist ist uns gegeben worden, wie Paulus schreibt, damit wir zu Christus schauen können, »Abba, Vater« sagen können und für immer das Leben finden im Angesicht der Güte Gottes.

Vorerst aber sprechen wir aus vollem Herzen das »Gebet von der Kolanuss« (am Ende des Buches), in dem es heißt:

Lasse keine Krankheit kommen
und keinen Arzt seine Kunst ausüben.
Lasse keinen krank sein
und niemanden heilen.

Zeit

Als Gott die Welt erschuf, gab er den Europäern die Uhr, uns Afrikanern aber schenkte er die Zeit

Meine mühsam erworbene Vorliebe für die Qualitäten von Herrn Kant habe ich schon eingestanden. Auch dass mich meine afrikanischen Freunde kaum wiedererkannten, als ich nach so vielen Jahren in Österreich und Deutschland wieder nach Hause kam. Sie mögen mich, aber ich bin nicht ganz sicher, ob sie nicht manchmal heimlich hinter meinem Rücken über mich lästern und lächeln, denn Obi, »der Deutsche«, hat für Afrikaner ganz gewiss einen befremdlichen Umgang mit der Zeit. Ich verfolge Ziele hartnäckig, kann mit dem Wort »Zukunft« und mit Zukunftsplanung durchaus etwas anfangen, teile meinen Tag ein, schaue hin und wieder auf die Uhr, weiß ungefähr, wann man mit New York oder Innsbruck telefonieren darf und wann man unschuldige Menschen aus dem Tiefschlaf klingeln würde.

In Wahrheit sitze ich zwischen allen Stühlen. *»Den Ast eines Baumes kannst du hundert Jahre ins Wasser legen; es wird nie ein Krokodil daraus«*, lautet ein afrikanisches

Sprichwort. Für meine afrikanischen Freunde bin ich eine Art Schweizer Präzisionsuhrwerk, während meine Innsbrucker und Kölner Freunde behaupten, ich stünde auf Kriegsfuß mit der Uhr. Was denn nun? Wenn Martin »Chinedu« sich mit mir verabredet, baut er gleich eine Pufferzone ein. Dann gibt er mir schon einmal lächelnd zu verstehen: Obi, das ist jetzt *german time*, deutsche Zeit, und nicht *african time*, oder? Lieber Martin, du hast es auch beim Schreiben dieses Buches leidvoll erfahren müssen, wie anders Afrika ist, wenn es um zeitlich gebundene Zusagen geht. Ja, ja, ich gebe es zu: Mit eurer perfekten Pünktlichkeit habe ich es noch immer nicht so.

Pünktlichkeit …

Ich weiß, dass ihr Deutschen in Hinsicht auf die Zeit keinen Spaß versteht. Ihr habt das Sprichwort »Pünktlichkeit ist die Höflichkeit der Könige«. Da fühlt sich ein unpünktlicher Afrikaner gleich sooo klein. Manchmal, wenn ich es höre, macht es mich wütend, und ich möchte kontern: »Pünktlichkeit ist die Hybris der Oberlehrer«, oder: »Pünktlichkeit ist die Herzlichkeit der Bürokraten«, oder: »Pünktlichkeit ist die Neurose der Pedanten.« Da ist doch auch etwas Wahres dran, oder? Diese Varianten könnt ihr mit Urheberhinweis »Obiora Ike« in eure Zitatenhandbücher aufnehmen!

Wo ich schon einmal dabei bin, mich zu wehren, lasst mich ein paar Aspekte zur Ehrenrettung der »unpünktlichen« Afrikaner zusammentragen. Ein Afrikaner, der sich nicht nach westeuropäischen Zeitkriterien richtet, ist kein Hallodri, kein Bruder Leichtfuß, kein Hans Guck-in-die-Luft. So lange liegt das koloniale Zeitalter noch nicht hinter uns, als dass wir uns nicht erinnern würden, mit welchen Ideologien damals das natürliche Recht auf Herrschaft der weißen Rasse begründet wurde: Der »Schwarze« kann das nicht! Er kann nicht strukturiert denken! Er lebt noch in einem vorzivilisatorischen Stadium der Zeitlosigkeit. Er ist ein Kind, das man leiten und disziplinieren muss. Eine harte Hand tut ihm gerade gut! In Wahrheit wussten die »weißen Herren« nichts von uns. Sie konnten sich vor allem nicht vorstellen, dass es jenseits ihrer europäischen Philosophie, ihres europäischen Weltverständnisses noch einen anderen Schlüssel zur Wirklichkeit geben könnte.

Zeit, afrikanisch

Für einen Europäer ist es vollkommen klar, dass die Zeit drei Dimensionen hat: Vergangenheit, Gegenwart, Zukunft. Das ist für einen Afrikaner alles andere als klar. Für ihn hat die Zeit nur zwei Dimensionen: eine Art indefinite Vergangenheit und eine intensive Gegenwart. »Zukunft« gibt es einfach nicht. Vieles am Christentum verstehen Afrikaner intuitiv, aber sie haben die allergrößten Schwierigkeiten, sich das Ende der Welt und das Jüngste Gericht vorzustellen. Zukunft, was ist das? Es gibt sogar afrikanische Sprachen, die haben überhaupt keine richtigen Zukunftsformen; sie können also etwas Zukünftiges nicht einmal *sagen*.

Nur zwei Zeitdimensionen? Das klingt kompliziert, aber ich will versuchen, es zu erklären: Die Vergangenheit ist nicht etwa wie bei euch in Europa eine abgeschlossene Sache, mit der man nichts mehr zu schaffen hat. Die Vergangenheit ist stets da, die Ahnen sind stets da: Die Zeit ist kein linearer Ablauf, kein Zeitstrahl von A nach B, sondern ein mythischer Kreislauf, den man immer wieder durchläuft. 2003 hat man junge Afrikaner zu einem Massaker befragt, das vor etwa 100 Jahren an Menschen ihres Volkes geschah; sie sagten: »Wir, die wir in den Leibern unserer Mütter waren, haben das alles miterlebt. Heute noch spüren wir die Angst von damals. Bis heute schließt die Angst unsere Münder.«

Das Kind fragt nach der Zeit

Der berühmte, 2001 gestorbene Musiker und Autor Francis Bebey – er kam aus Kamerun – hat einmal in seinem Buch »Das Regenkind« erläutert, wie Afrikaner die Zeit verstehen. Da fragt das Kind: »Was ist die Zeit?« Die Großmutter nimmt das Kind zum Fluss mit und zeigt ihm die Wirklichkeit: »Die Zeit, mein Kind, vergeht nicht. Sie ist wie das Wasser des Flusses; wenn man am Fluss steht, meint man, das Wasser flösse vorüber. Doch immer, wenn man an den Fluss geht, ist das Wasser noch da.« So denken Afrikaner – und darum tun sie sich so schwer, sich an eine Welt in Zeittakten zu gewöhnen. Francis Bebey sagte: »Wir wissen nicht, was eine Uhr bezwecken soll; sie ist hübsch, aber wir achten nicht auf die Zeit, die sie anzeigt. Das stellt uns vor große Probleme, wenn wir in die westliche Zivilisation kommen, denn die Züge fahren pünktlich, das Flugzeug startet pünktlich, die Arbeit beginnt man pünktlich. Wir haben enorme Schwierigkeiten, dem Leben zu folgen, das von der Uhr bestimmt wird.«

In Bebeys Buch gibt es einen kleinen Jungen, der um acht Uhr in die Schule kommen soll. Aber was ist »acht Uhr«? Wir Afrikaner können uns darunter nichts vorstellen. Abstrakte Zahlen für Zeit einzusetzen, ist uns völlig fremd. Acht Uhr gibt es nicht. Neun Uhr – das ist die Zeit, in der die Sonne auf ihren Sitz steigt. Oder ich nehme ein Beispiel aus meinem Volk, den Igbo. Jemand wurde gefragt: »Wann bist du eigentlich in das Dorf zurückgekommen?« Ein Europäer hätte geantwortet: »Am 3. Januar 2004.« Ich hörte aber die Antwort. »Ich kam zurück zu jener Zeit, da der Priester von Ifejoioku zum ersten Mal den neuen Yam aß.« Nun geschieht das jedes Jahr, außerdem ist dieses Fest eine Angelegenheit von etwa zwei Wochen. Es ist also nicht auszumachen, ob der Mann 1998, 2003 oder 2006 in das Dorf zurückkam und ob es an einem 1., 2., 3. oder 4. Januar geschah. Es ist auch nicht wesentlich. Hauptsache: Er kam und ist wirklich *da* – er feiert ja mit, isst und trinkt.

Noch einmal Francis Bebey: »Nach der afrikanischen Zeitvorstellung dauert die Zeit an, sie vergeht nicht. Ob man um elf verabredet ist – man kann eine Stunde, zwei Stunden später kommen, wichtig ist, verabredet zu sein. Die westliche Zivilisation akzeptiert diese Form nicht. In Afrika ist Zeit dehnbar, und das ist eine der Grundlagen der Probleme des modernen Afrika.«

Obi und die Uhr

Wenn ich da bin, bin ich da. Und zwar ganz. Ich trage zwar eine Armbanduhr. Ich weiß auch ganz genau, dass dieses kleine Gerät die moderne Welt und ihren technischen Fortschritt erst möglich gemacht hat. Aber die Uhr an meiner Hand empfinde ich als einen unnatürlichen Fremdkörper, eine Art europäisches Amulett, eine menschliche Erfindung. Wenn ich da bin, dann schaue ich nicht auf die Uhr. Bei Flugzeugen und beim Gottesdienst kann ich mir das nicht so leisten, aber manchmal wünschte ich mir hier mehr afrikanische Weite. Denn zu Gast sein, bedeutet für einen Afrikaner, ein König zu sein.

Ein König? Ja, das kennt man doch auch in Europa. Wer zum Beispiel bei der Queen oder beim schwedischen König eingeladen ist, trägt bei offiziellen Anlässen immer einen Frack. Und zu diesem Frack zieht man keine Uhr an, dann verbietet sich der Blick auf die Uhr. Man hat dann Zeit! Für die Menschen. Für die Königin von England oder den König von Schweden oder Seine Apostolische Majestät den König von Spanien. Und deshalb trägt man keine Uhr bei diesen Anlässen. Das ist richtig afrikanisch! Das ist richtig gut. Das ist menschlich. Die Menschen sind wichtiger als die Uhr. Die Zeit ist da für Menschen, aber nicht für die Uhr.

Zeit ist Qualität, nicht Quantität

Soll ich euch ein afrikanisches Wundermittel verraten? Macht aus Terminen Begegnungen! Was ist wichtiger – dass ihr von 13:47 Uhr bis 14:28 Uhr einen halben Meter voneinander getrennt auf Barhockern gesessen und für 6,40 Euro Cappuccino getrunken habt – oder dass ihr euch erkannt habt, dass Freude in eurem Herzen war, dass ihr Leben miteinander geteilt habt? Der Reichtum eurer Wirklichkeit besteht doch nicht in einer Quantität, sondern in einer Qualität von Zeit. Ja, so ist es gut gesagt – afrikanische Zeit ist eine qualitative Ordnung, die quantitative Zudringlichkeiten immer wieder abstößt, ja sie am liebsten subversiv unterlaufen möchte. Es kann einen Afrikaner einfach zur Weißglut bringen, wenn ein Fest dadurch gestört wird, dass einer sagt: »Finito, Leute, feiert noch schön, ich muss morgen um acht auf der Matte stehen!« Warum macht ihr permanent diesen Stress? Warum legt ihr eure Termin so, dass man die Zeit nicht für eine Begegnung ausschöpfen kann, sondern nur kurz beieinander ist, um die »Maschinen« zu koordinieren? Ihr bekommt nur Bluthochdruck dabei.

Zeit ist dazu da, dass wir sie nutzen für die Begegnung mit Menschen, mit guten Gedanken, mit Musik und Kunst, für die Begegnung mit Liebe und auch mit Gott – denn hier hat auch die Religion ihren Platz. »So, jetzt bete ich mal zehn Minuten«. Das ist doch absurd! Oder stellt ihr euch auch noch einen Wecker, damit ihr euch nicht am Ende verbetet und das Frühstück verpasst. Gott ist – was die Zeit angeht – Afrikaner. Er *ist* einfach. Und wer von ihm etwas anderes annimmt, als dass er von Ewigkeit zu Ewigkeit herrscht, ist ein Irrlehrer. Wer sich in Gottes Nähe begibt, bringt sein Leben auf den Punkt, er wird aus demselben Grund aber vielleicht unpünktlich, weil Gott kleinbürgerliche Zeitbudgets nicht akzeptiert.

Willst du
Ruhe finden,
so wirf
einen Stein
in den stillen See.

Willst du
Gott finden,
so wirf
deine Uhr
in den Fluss.

Warum es gut ist, die Uhr einmal liegen zu lassen

In Afrika ist beispielsweise die Eucharistiefeier wirklich eine Feier. Mit Zeit und Freude. Man feiert richtig froh und ohne Stress. An anderen Orten der Welt »hört« man eine Messe, »liest« eine Messe oder nimmt nur daran teil. Die Sprache verrät vieles. Wer sich bei uns versammelt vor Gott, wer zum Gottesdienst kommt, hat Zeit für Gott. Und daraus fließt auch viel Zeithaben für andere. Das prägt. Das macht stark. In der Gestik, in den Trommeln, mit Tänzen, viel Körperbewegung, viel Farbe in den Kleidern, mit vielen und starken Gesängen, also mit viel Lebensfreude zeigen wir einander, wer und was uns wichtig ist. Hat man da vielleicht in Europa andere Koordinaten? Andere Prioritäten? Wofür hat man hier Zeit? Für das Fernsehen? Für eine Maschine? Oder für Menschen? Für Gespräche? Die braucht jeder. Und die könnte jeder haben.

Legt doch manchmal einfach die Uhr weg! Versucht es

zum Beispiel mal am Sonntag, statt Uhr Zeit zu haben. Muss man denn immer auf diesen Sklaventreiber schauen? Bei einem Spaziergang bestimmt nicht. Beim Kaffeetrinken mit der Familie und den Gesprächen mit den Kindern auch nicht. Wer die Uhr mal liegen lässt, gewinnt wahnsinnig viel Zeit. Das tut gut. Und das geht auch in Deutschland. Meine Freunde können ein Lied davon singen. Also, es stimmt schon: *Als Gott die Welt erschuf, gab er den Europäern die Uhr und den Afrikanern die Zeit.* Ehrlich gesagt: Ich möchte dieses Gottesgeschenk mit euch teilen, weil ich weiß, dass es – wie das auch bei der Liebe ist – durch Teilen nicht weniger, sondern mehr wird.

Kinder

Jedes Kind ist ein Zeichen der Hoffnung für diese Welt

Kinder in Nigeria – es ist nicht leicht, darüber zu sprechen: Eigentlich möchte ich lieber vom unendlichen Schatz meiner positiven Erfahrungen sprechen, von den Millionen von Kindern, die im Schutz von wunderbaren Eltern und Großeltern aufwachsen. Es gibt sie in Nigeria. Ich würde sie euch gerne zeigen.

Aber es gibt auch die Höllen der Kinder, die ich nicht verschweigen darf: Im Norden des Landes, in Borno, Sakina und Sokoto – das ist an der Grenze zum Niger –, sind die Kinder oft unterernährt. Sie kämpfen mit Masern und Malaria und wenn wieder einmal die Cholera ausbricht, wird es ganz schlimm. Da ihre Eltern arm sind, fehlt ihnen häufig auch der Zugang zum staatlichen Gesundheitssystem. Bedingt durch Armut und Unterernährung sind die Immunsysteme der Kinder geschwächt; daher sind die armen Kleinen von vielen Infektionskrankheiten bedroht. So erleiden unsere Kinder beispielsweise durch eine bakterielle Infektion, Noma oder auch »Wangenbrand« genannt, schwere Gesichtsverunstaltungen. Im Süden des Landes, in den Ölgebieten um Port Harcourt, geht es den Kindern materiell besser, aber dort grassiert auch der HI-Virus, von dem die Kinder auf eine schreckliche Weise betroffen sind. Die Hauptstadt Lagos, an der Küste, ist ein brodelnder Hexenkessel voller Armut, Kriminalität und Gewalt, ein ganz und gar ungesundes Milieu für Kinder.

Ja, für viele ist es sehr schwer, in Nigeria Kind zu sein. Mir blutet das Herz, wenn ich daran denke, dass manche Kinder sogar in den Höllen der Gefängnisse geboren werden. Ich denke auch an die Kinder muslimischer Eltern, die in Koranschulen aufgehetzt und einer Gehirnwäsche unterzogen werden.

Kann man denn Kinder in eine solche Welt setzen?

Kein vernünftiger Mensch in Nigeria würde sich eine solche Frage stellen. Was immer teuflische Menschen mit Kindern anstellen – Kinder sind ein Segen! Hunger, Aids, Krankheit, Gewalt – das ist nur die eine Seite der Wirklichkeit. Wir Afrikaner haben es manchmal satt, immer bloß von den Tragödien her betrachtet zu werden. Millionen von Kindern in Nigeria wachsen behütet, glücklich und in intakter Umgebung auf. Wisst ihr, dass ich lieber Kind im warmen Nest einer armen, aber lebenssprühenden Großfamilie in Nigeria wäre als Kind in einer luxuriösen Villa in Bad Godesberg? Die Tragödien müssen wir bekämpfen, ja – aber wir müssen nicht aufhören, Kinder zu kriegen!

Kinder sind das direkte Geschenk Gottes. Kinder sind Reichtum. Kinder sind der Stolz, der Schmuck, die Lebensversicherung der Familie, des Stammes, des Volkes. Wer Ja sagt zu Kindern, sagt auch Ja zu sich selbst. Nigeria wäre am Ende, wenn Eltern Kindern kein Leben mehr schenken wollten. Nein – wir denken nicht an kollektiven Selbstmord. Wir sind nicht arm.

Armes Deutschland

Es ist schon seltsam, dass manchmal die reichsten Völker zugleich die ärmsten sind. Reich an Geld und arm an Zukunft. Weil sie arm an Kindern sind. Deutschland gehört zu den ärmsten Ländern dieser Erde – so gesehen. Ich sage immer: Der Mensch ist das Ebenbild Gottes. Wenn man Gott kennen möchte, soll man in das Gesicht eines kleinen Kindes schauen.

Ein Land, das keine Kinder hat,
hat auch keinen Gott.

Aber das muss ja nicht so bleiben.

Viele von uns limitieren ihr Herz. Was ich meine? Ein Herz ist Liebe. Liebe aber ist grenzenlos. Wie kann man denn sagen: Ich liebe, aber ich will keine Kinder? Liebe ist unlimitiert. Sein Herz darf man nicht limitieren, ohne es zu zerstören. Es ist natürlich, ein Herz für Kinder zu haben. Man muss Menschen mit Gewalt verbiegen, bis man ihre Sehnsucht auf etwas Geringeres gelenkt hat als auf die Liebe und das neue Leben, das daraus entstehen möchte. Besitzt nicht der Mensch von Geburt an diese Weite? Ja, er besitzt sie. Das ist genetisch grundgelegt. In der Liebe ist kein »Stopp«. Im Meer und für die Sonne gibt es ja ebenso keinen »Stopp«. »Die Liebe«, sagt Paulus, »hört nicht mehr auf« (1 Kor 13,8). Ihr sagt: Viel Sex! Ja, gerne. Sex ist gut; Gott hat ihn gemacht. Aber ihr sagt: Viel Sex und keine Kinder! Das ist falsch. Darüber weint die Liebe.

Es ist unvorstellbar, dass es Kindesmissbrauch und Ähnliches gibt. Maria in Bethlehem hat das Gesicht eines Kindchens in ihren Händen eingerahmt. Ihr leuchteten die Augen alle Kinder dieser Erde entgegen – und die Augen Gottes. Begreift ihr das? So groß ist das Geheimnis in den Kindern, dass die Engel »Gloria« jubeln! Jedes Kindchen ist ein Kompliment Gottes an die Menschen.

Eigentlich könnten wir bei jeder Geburt singen wie die Engel. Wenn erwachsene Menschen gequält, missbraucht und getötet werden, ist das schlimm. Aber wenn es an Kindern geschieht, ist es doppelt schlimm. Wenn Kinder durch Kriege, Hungersnot, Krankheiten, Missbrauch und anderes sterben, dann weinen die Engel. Dann gibt es kein Gloria.

Der liebe Gott schickt euch Engel …

So, und was ich jetzt tue, ist garantiert politisch unkorrekt. Aber davor habe ich keine Angst. Erstens bin ich Priester, also ein Narr Gottes. Zweitens habe ich in meinem Leben schon genug Prügel bekommen, da kommt es auf ein paar mehr oder weniger auch nicht an. Ich würde mir so wünschen, dass mein geliebtes Deutschland eine geistige Führungsrolle in der Welt einnimmt. Aber ich habe ein Problem mit euch. »Wie denkst du über Abtreibung?«, frage ich schon einmal, wenn ich auf einem Deutschlandbesuch mit einem netten Menschen in einer Kneipe in Bonn oder Köln sitze. Dann kommt es vor, dass mein Gegenüber rumdruckst: »Tja, keine schöne Geschichte, aber …« – »Was aber?« – »Nun, es gibt Situationen …« – »In deiner Familie?« – »Nicht direkt, aber …«

Dann weiß ich genug. Es ist nicht nur, dass da einer einen kennt, der einen kennt, der einen kennt. So viele sind direkt oder indirekt daran beteiligt. Es ist kein Deutschland-Problem. Überall auf der Welt treiben sie ab. Es ist die äußerste Methode der Empfängnisverhütung. Nein, es ist natürlich keine Methode der Empfängnisverhütung.

Hier wird ja nicht die Empfängnis vermieden, sondern ein bereits wachsender Mensch getötet. Vorher hat man die Freiheit, bevor ein Mensch entstanden ist. Aber nachdem es ihn schon gibt? Niemals! Oder seid ihr in Deutschland nicht aufgeklärt? Aus einer befruchteten menschlichen Eizelle ist noch nie etwas anderes entstanden als ein Mensch. Wisst ihr das nicht? Man hat Entscheidungsfreiheit, bevor Ei und Samenzelle sich verbinden. Danach nicht mehr. Denn danach hat er schon begonnen: der neue Mensch. Wie kann man einen kleinen Menschen umbringen?

Offen gesagt: Ich kann es nicht verstehen. Es tut mir so weh – nach dem lieben Gott liebe ich nichts mehr als Kinder. Sie lachen, sie spielen, sie tollen herum. Sie sind der Triumph des Lebens über die traurigsten Verhältnisse. Wo es keine Kinder gibt, dort ist die Hölle – oder: Die Hölle ist der Ort, an dem es keine Kinder gibt. Ich bin nur ein afrikanischer Priester mit einer kleinen Stimme. Ich habe euch gar nichts zu befehlen. Aber ich verstehe die Logik der Abtreibung nicht. Sie gibt es nämlich nicht. Die Kultur des Todes hat keine Logik. Die Kultur des Lebens ist Logik! Und ich kann es in Deutschland dreimal nicht verstehen. Ihr habt sowieso keine Kinder. Und die wenigen, die kommen wollen, treibt ihr auch noch ab.

Der liebe Gott
schickt euch Engel –
und ihr schickt sie

wieder nach Hause.
Gott lächelt euch zu.
Ihr schaut weg.
Glaubt ihr,
in der Abkehr von Gott
liegt das Glück?
Ich sage euch etwas:
Kinder sind der Beweis,
dass Gott noch an uns glaubt.

Was gibt es denn für eine Not, dass bei euch ein Kind nicht zur Welt kommen kann? Stirbt es an Hunger? Nein. Es verbaut, sagt ihr, einer jungen Frau die Zukunft? Wie bitte – einem jungen Mädchen zu raten, sie soll ihr Kind »wegmachen« lassen, ist »Zukunft«? Mutter zu sein soll keine Zukunft haben in Deutschland? Sind euch Mütter, sind euch Kinder so wenig wert? Wisst ihr, was mit der Seele derer geschieht, die ihre Kinder haben töten lassen? Sie wird für immer mit einer Säure geätzt sein, denn sie wird sich bis an ihren letzten Tag vorwerfen, ein Leben auf dem Gewissen zu haben. Es ist doch bekannt, dass knapp 90 Prozent aller Frauen, die ein Kind abgetrieben haben, früher oder später an einem *post abortion syndrom* leiden. Nein, Töten ist keine Lösung. Töten ist Sünde. Wenn man tötet, gehen die Lichter aus.

Und in Afrika klopfen deutsche Paare an. Sie wollen Kinder adoptieren: Bitte, bitte, gebt sie uns, sie sollen es ganz gut haben! Und bei euch »muss« man Babys töten?

Unsere Schwestern in Nigeria haben Mühe, dass überall die elementarsten hygienischen Verhältnisse geschaffen werden, dass junge Frauen nicht im Kindbett umkommen. Und bei euch untersuchen sie die schwangeren Frauen schon vor der Geburt, um ein Kind noch rechtzeitig zu töten, bevor es seine Mutter ein Leben lang mit einer Hasenscharte anlächelt. »Sicherheitshalber haben wir es wegmachen lassen, denn unser Kind hätte behindert gewesen sein können«, hat man mir einmal erzählt. Sicherheitshalber? Töten als Mittel zur Sicherheit? Hauptsache gesund. Und wenn nicht sicher gesund, dann lieber tot. Diese Logik werde ich niemals verstehen, auch nicht verstehen wollen.

Wo kommen die Gesetze her?

Wie gesagt: Es ist kein deutsches Problem. Überall auf der Welt haben wir Parlamente, die sich manchmal sogar überwiegend aus Christen zusammensetzen, die aber behaupten, Abtreibungen seien legal. Das Wort legal kommt von »Lex = Gesetz«. Wo kommen die Gesetze her? Sind sie Vereinbarungen von Menschen, die sich sagen: »Jetzt wollen wir einmal definieren, dass Menschen dieser oder jener Kategorie keine Menschen sind«? Das glauben viele – wie könnten sie sonst auf die Idee kommen, eine Frist zu setzen, ab wann Leben beginnt und wann es aufhört?

Werden diejenigen, die sich heute mit solchen so genannten »Fristenlösungen« angefreundet haben, eines Tages auch akzeptieren, dass andere Mehrheiten vereinbaren, *ihrem* Leben eine Frist zu setzen? Wenn die Gesetze nur den Hirnen der Menschen entspringen, taugen sie nichts.

Ich will euch sagen, wie es ist mit den Gesetzen. Gott hat die Welt gemacht, den Himmel und die Erde, den Kreislauf der Sterne, die Ordnung der Zeit, die Mathematik, die Biologie und die Physik. Er hat Oben und Unten definiert und Ordnungen geschaffen, gegen die man nicht ungestraft verstößt.

Bei euch ist ein Spruch Gorbatschows zum Sprichwort geworden: »Wer zu spät kommt, den bestraft das Leben.« Ich habe oft darüber gelacht und es im Mund geführt und ich darf behaupten: Ich habe dieses Wort in Nigeria eingeführt. Noch öfter habe ich darüber nachgedacht. Wer die Realität ignoriert, darf nicht hoffen, dass ihn die Wirklichkeit niemals einholt. So ist es auch mit den Gesetzen; sie schmiegen sich an die Ordnungen Gottes an, so gut Menschen es eben können. Und wenn sie die Weisungen Gottes ignorieren, sind es eben schlechte Gesetze, auch wenn sie mit einer Mehrheit von 99,9 % beschlossen wurden. Sie schaden den Menschen, wenden sich gegen den Menschen; sie zerstören sein humanes Milieu. So ist es auch mit Gesetzen, die es Menschen erlauben, Kinder im Mutterleib zu töten.

Was macht den Menschen denn zum Menschen?

Solche Gesetze zeigen nur, dass die Menschen, die sie gewünscht und erlassen haben, nicht mehr wissen, was ein Mensch ist. Wisst ihr es? Was ist ein Mensch? Haut und Fleisch und Knochen, irgendetwas zwischen 54 und 154 Kilo? Dann sind die Dicken mehr wert als die Dünnen. Ein geistiges Wesen, ein denkendes Tier, ein Affe mit Bewusstsein? Dann sind die Dementen, die geistig Behinderten, die kleinen Kinder keine richtigen Menschen, während ein Professor mit einem Kopf wie Hegel die Krone des Menschseins darstellt. Das sind alles hilflose Versuche. In der Bibel steht, was der Mensch ist: Das Wesen, das Gott aus Liebe geschaffen hat und dem er eine unsterbliche Seele geschenkt hat.

Ich weiß, jetzt sagt ihr wieder: Dass es ein Mensch ist, hat mit Sex zu tun, mit der genetischen Verbindung zweier Menschen. Entschuldigung, das wissen wir mittlerweile auch in Afrika. Diese Herleitung erklärt nämlich nichts. Auch Wale und Nilpferde haben Sex, glaube ich zumindest, und legen ihre genetischen Bestände zusammen. Ein neuer Mensch ist aber nicht die Summe seiner genetischen Codes. Er ist auch nicht einfach ein neues Exemplar der Gattung »denkende zweiohrige Zweibeiner«. Jeder neue Mensch ist eine einmalige, individuelle Person, ein »Ich«, dazu berufen, Gott zu erkennen und von ihm erkannt zu werden: »Fürchte dich nicht! ... Ich habe dich bei deinem Namen gerufen. Du gehörst mir« (Jes 43,1). Ein Mensch ist ein Gedanke Gottes.

Platon und Soulmusik

Das Wort »Seele« klingt für euch komisch? In Afrika hat niemand ein Problem mit der Seele. *Soul* ist eine Musikrichtung, die letztlich aus Afrika kommt. Wenn eine Soulsängerin sich voll in ein Lied legt, ist sie mit jeder Faser ihres Leibes »Soul«; der Geist des Liedes bemächtigt sich ihres Leibes. Alle swingen mit und lassen sich vom Geist packen. Die Seele ist eine Wirklichkeit; alle fühlen es. Also, einem Afrikaner musst du die Seele nicht erklären!

Aber ich habe in Deutschland auch Philosophie studiert und komme auch mit meinem Gehirn an das Wort heran. Es kommt aus der griechischen Philosophie. Platon hat es gebraucht. Es ist eine Krücke, um auszudrücken, dass der Mensch eine Würde hat, die über Haut & Knochen, Geld, Macht & Besitz, Intelligenz & Schönheit hinausgeht. Wir sagen: Gott gibt dem Menschen eine »Seele« und meinen: Das Wesentliche am Menschen ist unsichtbar. Gott macht das denkende Haut-und-Knochen-Ding »lebendig«; er legt seine Hand darauf, achtet darauf wie auf seinen Augapfel (Ps 17,8) oder wie auf seinen besten Freund. Ohne Gott wäre ein Achtzeller nur ein Achtzeller, ein Zellklumpen. Mit Gott ist es ein *Mensch*, denn dieses Wesen hat eine »unsterbliche Seele« – sie swingt für immer.

Unsterblich? Ja. Gott schaut diesen Menschen – in welchem Stadium er sich auch befindet: als Embryo, als Mensch in seinen besten Tagen, als Alzheimer-Patient – an, als wäre er das einzige Wesen auf der Erde. Er liebt dieses Wesen mit eifersüchtiger Liebe. »Einen Menschen lieben«, sagt der französische Philosoph Gabriel Marcel, »heißt sagen: Du wirst nicht sterben.« Daran hält sich auch Gott. Vor allem Gott. Er will dieses Wesen, das er geschaffen und in das er sich verliebt hat, nicht mehr sterben sehen, auch wenn Haut und Knochen alle sieben Jahre wechseln und der Mensch schließlich stirbt. Wir Christen glauben, dass wir durch den Tod gehen und Gott uns dennoch nicht aus dem Auge verliert. Sein Blick trägt unser »Ich« durch die Vernichtung hindurch.

Da haben wir es wieder: *Beziehung* ist alles! Der Mensch ist Gott heilig. Er ist die Sache Gottes. Also Finger weg! Selbst euer Philosoph Habermas, der wohl religiös skeptisch ist – sagt er nicht, er sei in dieser Hinsicht »unmusikalisch«? –, spricht von »Unverfügbarkeit des lebensgeschichtlichen Anfangs der einzelnen Person«.

Die Zaubertöpfe

Es gibt ein afrikanisches Märchen, das mir an dieser Stelle besonders kostbar ist und das ich euch gerne erzählen möchte. Es sagt etwas – so viel möchte ich schon verraten – über die Einstellung zum Leben aus. Es spricht von Kindern, von Liebe und Habsucht, Glück und richtigem Leben. Das Märchen heißt:

Die Zaubertöpfe

Es war einmal eine arme Witwe. Sie hatte einen sehr fleißigen Sohn, der auf den Namen Chukwudi hörte. Dieser Sohn half der Mutter schon in jungen Jahren bei der schweren Arbeit auf dem Feld. Sein Vater hatte ihm kurz vor seinem Tod eine kleine Flöte geschenkt. Auf diese Flöte passte Chukwudi ganz besonders sorgfältig auf. Immer wieder, wenn er Zeit dazu hatte, spielte er auf der Flöte. Er nutzte jede freie Minute, so dass er irgendwann der beste Flötenspieler seines ganzen Dorfes wurde.

Als der Junge eines Tages mit seiner Mutter auf einem Feld arbeitete, das an einen verfallenen alten Friedhof angrenzte, spielte Chukwudi in der Mittagspause auf seiner Flöte alte Stammeslieder, die ihm sein Vater beigebracht hatte. Als die Mittagspause vorbei war und er wieder aufs Feld ging, versteckte er seine Flöte unter einem Busch.

Kurz vor Einbruch der Dunkelheit verfinsterte sich der

Himmel. Dunkle Wolken kündigten ein Gewitter an. Die Mutter hatte Sorge und machte sich mit ihrem Sohn sehr schnell auf den Heimweg, um dem Unwetter zu entkommen. Sie erreichten ihr Dorf und ihre Hütte nur wenige Augenblicke bevor das Unwetter hereinbrach. Erst im Haus fiel Chukwudi ein, dass er seine kostbare Flöte auf dem Feld vergessen hatte. Er erschrak, doch seine Mutter tröstete ihn und meinte, die Flöte werde niemand wegnehmen. Am nächsten Morgen werde er sie schon wieder finden. Doch Chukwudi hatte keine Ruhe und erklärte seiner Mutter, er wolle sie sofort holen. Die Mutter wurde streng und wollte ihrem Sohn verbieten, bei diesem Unwetter ins Dunkle hinauszugehen. Sie fürchtete, die wilden Tiere könnten ihn in der Nacht zerreißen. Chukwudi aber hatte keine Angst und erklärte seiner Mutter: »Es wird nichts passieren, ich bin bald zurück.«

Und so lief er hinaus in den Regen, entgegen den Mahnungen seiner Mutter. Es war sehr dunkel, und wegen des Sturmes hatte er einige Probleme, den richtigen Weg zu finden. Doch schließlich kam er am Feld neben dem Friedhof an. Voller Glück fand er seine Flöte, die noch immer unter dem Busch lag. Sofort begann er, ein Lied zu spielen, und seine Freude über den Klang der Flöte war so groß , dass er sich auf einen Stein setzte und in sein Flötenspiel versank.

Allmählich verschwanden die dunklen Regenwolken, und der Mond warf sein Licht auf das Feld und den Friedhof. Plötzlich erschrak der Junge, denn auf dem Friedhof sah er eine Gestalt, die in weiße Tücher gehüllt war. Das muss ein Geist sein, dachte er. Und vor lauter Schreck ließ er seine Flöte fallen. Er *begann zu zittern, als die unheimliche Gestalt geradewegs auf ihn zukam. Als diese Gestalt schon recht nahe beim Jungen war, sagte sie mit einer ungewöhnlichen, aus einer anderen Welt kommenden Stimme: »Du brauchst keine Angst zu haben, ich bin kein böser Geist, aber mit deinem wunderbaren Flötenspiel hast du mich aus meinem ewigen Schlaf geweckt. Spiel mir doch bitte noch ein paar Lieder aus alten Zeiten. Ich will dir dafür auch einen rechen Lohn geben.«*

Chukwudi überwand seinen Schreck und begann auf seiner Flöte zu spielen. Die Gestalt war so erfreut vom Spiel des Jungen, dass sie ihm sagte: »Du bist ja ein richtiger Künstler. Für dein schönes Flötenspiel verdienst du eine sehr gute Belohnung.« Und so zog der Geist unter seinem Gewand einen Tontopf hervor und stellte ihn vor den Jungen. »Nimm diesen Topf deiner Mutter mit, und bei Sonnenuntergang sollst du ihn in Stücke schlagen.« Chukwudi bedankte sich bei der geheimnisvollen Gestalt für dieses Geschenk und lief gut gelaunt und glücklich mit Flöte und Topf zurück ins Dorf. Dort hatte sich seine Mutter in der Zwischenzeit viele Sorgen gemacht. Umso glücklicher war sie, als ihr Sohn mit der Flöte wohlbehalten zurückkehrte, wobei sie völlig vergaß, ihren Jungen wegen seines Ungehorsams zu bestrafen. Das Glück über die Heimkehr ihres geliebten Sohnes war stärker.

Chukwudi gab ihr das Geschenk, worüber sich seine Mutter zunächst sehr wunderte. Was sie denn mit einem alten Tontopf solle, fragte sie. Als Chukwudi ihr antwortete, sie solle ihn morgen Abend zerschlagen, wenn die Sonne untergehe, meinte die Mutter, ihr Sohn solle sie nicht zum Narren halten: »Erst bereitest du mir große Sorgen und dann machst du dich auch noch lustig über deine alte Mutter.« Aber Chukwudi erzählte ihr die ganze Geschichte, so dass die Mutter nachdenklich meinte: »Ich will hoffen, dass es wirklich ein guter Geist war. Wir werden den Topf morgen Abend in Stücke schlagen.«

Am nächsten Abend warteten beide sehnsüchtig auf den Untergang der Sonne, und Chukwudi, der den alten Tontopf auf einen Tisch mitten in der Hütte gestellt hatte, konnte es kaum erwarten, bis seine Mutter ihm mit zitternder Stimme zurief: »Die Sonne geht unter, mein Junge!« Als beide in der Hütte waren, schlug der Junge mit einem großen Stock so heftig auf den Topf, dass dieser in tausend kleine Stücke zerbrach. Im selben Augenblick tobte ein heftiger Sturm und hob mit seiner Gewalt die Hütte von der Erde ab und trug sie weg. Der Himmel wurde schwarz, die Erde bebte. Mutter und Sohn waren sehr erschrocken und wurden von einem grellen Blitz getroffen, der sie aus ihrer Angst durch einen tiefen Schlaf erlöste.

Erst am kommenden Mittag wurden die beiden wach. Als sie die Augen öffneten, waren sie sprachlos und staunten nicht schlecht, denn sie lagen in einem prächtigen Schlafgemach. Chukwudi hatte als Erster seine Sprache wieder gefunden und rief zu seiner Mutter: »Du liegst in seinem goldenen Bett. Aber wo sind wir eigentlich?« In diesem Augenblick traten durch die goldene Tür des Schlafzimmers freundliche Dienerinnen herein. Aus großen Schränken holten sie wertvolle Kleider und Gewänder, die sich beide überwarfen. Chukwudi lief aus dem Schlafgemach in die benachbarten Räume und freute sich über die prunkvollen Möbel.

Mutter und Sohn wohnten nun in einem prächtigen Palast, der von einem weiten Park mit Blumen und Sträuchern umgeben war. »Gestern stand hier noch unsere armselige Hütte«, rief er beglückt und tanzte vor Freude. Schnell hatte sich herumgesprochen, welches Wunder der alte Tontopf bewirkt hatte. Alle im Dorf freuten sich über das Glück des Jungen und seiner guten und fleißigen Mutter. Nur eine Tante Chukwudis, die einen Sohn im Alter des Jungen hatte, war voller Neid und missgönnte ihren Verwandten den Reichtum. Sie erkundigte sich ganz genau, wie das Wunder geschehen war und befahl ihrem Sohn, ebenfalls mit einer Flöte zum Friedhof zu laufen. »Du bist genauso alt wie Chukwudi«, sagte die habgierige Tante zu ihrem Sohn: »Wenn du mir gehorchst und genau tust, was ich dir sage, dann geht es uns genauso gut wie deinem Vetter und seiner Mutter. Wir werden genauso reich sein.«

In der Nacht befahl sie ihm, zum Friedhof zu gehen und auf dem Feld so lange zu spielen, bis er ebenfalls vom Geist einen Zaubertopf bekomme. Doch der Junge wollte seiner Mutter nicht gehorchen, jammerte und erklärte, er fürchte sich sehr in der Nacht auf dem Friedhof. Außerdem könne er nicht so gut Flöte spielen wie Chukwudi. Seine Mutter entgegnete ihm voller Zorn: »Du bist undankbar und faul, Obinna. Wenn du nicht machst, was ich dir befehle, dann werden wir ewig arm bleiben und weiterhin so schwere Feldarbeit leisten.« Doch der kleine Obinna wollte seiner Mutter einfach nicht gehorchen: »Ich will lieber arm bleiben als in der Nacht auf den düsteren Friedhof gehen«, sagte er. Die habgierige Mutter aber wurde daraufhin sehr böse und schlug mit einem dicken Stock auf ihren Jungen ein. Sie ergriff ihn beim Haarschopf und schleifte ihn durch die kleine Hütte, so lange, bis Obinna völlig verängstigt seiner Mutter versprach, ihr den Wunsch zu erfüllen.

Nach Sonnenuntergang ging er ängstlich mit seiner Flöte zum Friedhof. Das Herz schlug ihm von Schritt zu Schritt kräftiger in seiner Brust. Allein die Angst vor seiner Mutter trieb ihn weiter. Am Friedhof angekommen, nahm er seine Flöte und spielte ein Kinderlied. Nur wenige Augenblicke später erschien der Geist, der einige Nächte zuvor dem kleinen Chukwudi den Zaubertopf mitgegeben hatte. Geräuschlos näherte er sich dem kleine Obinna, der vor Angst zitterte. Anders als bei Chukwudi war seine Stimme nicht mehr sanft, sondern donnernd: »Wie kannst du es wagen, mich mit deinem erbärmlichen Flötenspiel aus dem Schlaf zu wecken? Was hast du mitten in der Nacht hier zu suchen?« Zitternd vor Angst erwiderte Obinna, seine Mutter habe ihn befohlen, so lange zu spielen, bis auch er einen Zaubertopf geschenkt bekomme. Mit Tränen in den Augen entschuldigte er sich: »Ich wollte dich nicht in deinem Schlaf stören, lieber Geist, aber meine Mutter hat mich so sehr geprügelt, so dass ich keinen Ausweg mehr sah, als ihr zu gehorchen. Meine Mutter will nämlich so reich wie Chukwudis Mutter werden.«

Der Geist polterte und zog tatsächlich ein Tongefäß unter seinem Gewand hervor, das er dem verängstigten Jungen gab: »Deine habgierige Mutter soll ihren Zaubertopf bekommen, und sie soll ihn morgen Abend bei Sonnenuntergang in ihrer Hütte in Stücke zerschlagen. Aber dir rate ich, zu dieser Zeit in den Palast deiner Tante zu gehen. Erzähl ihr alles!«

Obinna machte sich sofort auf den Weg ins Dorf. Schon am Dorfeingang kam ihm seine habgierige Mutter entgegen und riss ihm den Tontopf aus der Hand. Sie umarmte den Topf, drückte ihn fest an ihre Brust und jubelte: »Jetzt werde ich eine reiche Frau. Ich werde die reichste Frau des Landes sein. Der König wird mich heiraten.« Da wurde dem Jungen klar, dass seine Mutter ihn nicht liebte, sondern nur an sich selbst und an ihr eigenes Glück dachte. Nachdenklich ging er in die armselige Hütte zurück. In der Nacht konnte er nicht schlafen, sondern weinte ohne Unerlass und dachte an seinen verstorbenen Vater, der stets gut zu ihm gewesen war. Seine Mutter sprang am nächsten Tag wie verrückt in der Hütte herum und rief wie betrunken immer wieder: »Noch bin ich arm, bald bin ich reich. Mein Zaubertopf macht mich reich.«

Noch vor Sonnenuntergang erinnerte sich Obinna an die Worte des Geistes und verließ die Hütte der Mutter, um zum Palast der Tante zu gehen. Chukwudis Mutter hörte kopfschüttelnd, was ihr kleiner Neffe erlebt hatte. Sie hatte ihn stets so geliebt wie ihren eigenen Sohn. Zum kleinen Obinna sagte sie: »Wenn du zu deiner schlimmen Mutter nicht zurückgehen möchtest, so kannst du bei uns bleiben. Mein Sohn Chukwudi wird glücklich sein, einen gleichaltrigen Bruder zu bekommen.« In diesem Moment begann ein heftiger Sturm zu toben. Der Himmel wurde düster, und auch im Palast wurde es finster. Chukwudis Mutter rief ihrem Neffen zu: »Deine Mutter hat den Zaubertopf zerschlagen, nun wird sie eine reiche Frau werden.« Die ganze Nacht tobte der Sturm, und erst am nächsten Morgen legte sich das Unwetter.

Als die Sonne gerade aufging, schaute Obinna vom Palast seiner Tante aus zu der Stelle hinüber, an der Tags zuvor noch die Hütte seiner Mutter gestanden hatte. Er rieb sich immer wieder die Augen, konnte aber keinen neuen Palast entdecken. Nur ein kleines qualmendes Häufchen Asche zeigte an, wo die Hütte seiner Mutter gestanden hatte. Den ganzen Tag lang suchten die Dorfbewohner nach der habgierigen Frau. Doch sie fanden sie nicht. Deshalb ging Chukwudis Mutter am Abend mit ihrem Neffen zum Dorfzauberer. Der alte Mann riet ihnen: »Sucht nicht länger nach der bösen Frau, denn sie ist für ihre Habgier und für ihren Neid von den Göttern grausam gestraft worden. Ihre Asche wurde vom Wind in der vergangenen Nacht in alle Himmelsrichtungen verweht.« Obinna lebte fortan im Palast seiner Tante, die ihm wie eine leibliche Mutter wurde. Und Chukwudi sah in seinem Vetter einen leiblichen Bruder. Die drei blieben glücklich und zufrieden bis an ihr Lebensende.

Ahnt ihr, warum ich diese Geschichte erzähle? Worauf kommt es im Leben an? Habsucht oder Liebe? Welchen Stellenwert haben Kinder? Sind wir eine kinderfreundliche oder eine kinderlose Gesellschaft? Stehen die Kinder im Mittelpunkt, oder sind es die Erwachsenen? Bei uns in Afrika kann man das beantworten. Das zeigt sich schon bei Tische, wo die Kinder zuerst das Essen nehmen dürfen. Sie sind kostbar, ja erinnern uns an das Heilige unserer Ursprünge. Wer zu Kindern gut ist, zu dem ist am Ende auch das Leben gut. Und wer Kinder nur für sein Kalkül benutzt, kann nicht anders, als zuletzt in der Asche zu enden. Kinder sind vielleicht auch einmal eine Last, sie machen Schwierigkeiten und bereiten Sorgen. Aber über alldem sind sie ein Geschenk des Himmels. Jedes Kind ist ein Zeichen der Hoffnung für diese Welt. Auch in Deutschland.

Familie / Gemeinschaft

Um ein Kind zu erziehen,
braucht es ein ganzes Dorf

In Europa ist bekannt, dass uns Afrikanern nichts über unsere Zugehörigkeit zu einer Familie geht. Aber manchmal ist das, was ein Afrikaner unter »Familie« versteht, himmelweit von dem unterschieden, was in Europa darunter verstanden wird. Der Ehrlichkeit halber muss ich zugeben, dass der traditionelle Zusammenhalt unserer Familien in den letzten Jahren sehr gelitten hat unter dem Import einer Faszination an westlichen Leitbildern.

Meine Geschwister und ihre Namen

Damit man weiß, was Familie für mich bedeutet, will ich erzählen, wie meine Familie ist und was für uns Familiensinn bedeutet. Lasst mich einfach meinen Namen und die Namen meiner Geschwister erklären.

Ich heiße Obiora Ike. Obiora? Was heißt Obiora? Das

Wort kommt aus der Igbo-Sprache. Der Igbo, ein Mitglied des gleichnamigen afrikanischen Stammes, benennt seine Kinder nach den Umständen der Geburt. In meiner Familie sind wir neun Geschwister. Das erste Kind war ein Mädchen und meine Eltern haben es *Nwakego* genannt. *Nwakego* heißt übersetzt: Ein Kind ist wertvoller als Geld. So wurde das erste Kind meiner Eltern genannt. Das zweite Kind, das in unserer Familie geboren wurde, war auch ein Mädchen. Ihm wurde der Name *Akuabata* gegeben, was so viel bedeutet wie: Nun ist Reichtum gekommen. Das dritte Mädchen wurde geboren, und es hat den Namen *Ekenedilichukwu* bekommen. Das bedeutet: Möge Gott gedankt werden, Gott sei Dank also!

Dann endlich kam das vierte Kind, und dieses Mal war es kein Mädchen. Darauf hatten meine Eltern gewartet: dass sie zur Abwechslung auch einmal einen Jungen bekommen. Mir gaben sie also den Namen *Obiora*. Und das heißt schlicht und ergreifend: Unser Herzenswunsch ist erfüllt. Mit mir war also eine bestimmte Sehnsucht meiner Eltern erfüllt. Der Afrikaner glaubt, dass an der Namensgebung ein Schicksal haftet. Wenn jemand einem Kind einen Namen gibt, gibt er ihm auch sein Schicksal.

Als das fünfte Kind geboren wurde, wiederum ein Mädchen, hat man ihm den Namen *Nkechinyere* gegeben: Was Gott jemandem gibt, muss man annehmen. Als Nächstes wurde ein Junge geboren, der dann *Chinedu*, genannt wurde: Der Herr führt den Menschen. Chinedu war als Kind häufig krank, aber Gott hat ihn bisher gut durch das

Leben geführt. Das nächste Kind, ein Junge, tauften sie *Afamefuna*: Möge mein Name nicht verloren gehen. Danach wurde mein Bruder *Chikeleze* geboren, was eigentlich heißt: Gott hat den König geschaffen. Zuletzt kam meine Schwester *Uchenna* auf die Welt. Ihr Name sagt: Der Wille des Vaters.

Namen haben eine Bedeutung. Namen geben eine Richtung vor. Es ist also nicht dumm, wenn man zuvor überlegt, welchen Namen man seinem Kind geben möchte. Mit dem Namen gibt man ihm auch ein Schicksal.

Die afrikanische Familie

Zunächst muss man fragen: Wer gehört dazu? Die erste Antwort lautet: Die lebenden und verstorbenen Mitglieder der Familie. Weil wir in einem spirituellen Kosmos leben, in dem die Toten nicht tot sind, regieren unsere großen Väter und Mütter, deren wir mit Ehrfurcht gedenken, noch immer mit; sie sitzen mit am Tisch und mit unter dem Baobab. Und wenn einer etwas ist in einer Familie, dann hat er einen bestimmten, ihm zugewiesenen Platz und einen bestimmten Rang in dieser Familienordnung aus Lebenden und Toten.

Wenn bei uns in Westafrika geheiratet wurde, so war das weniger die Verbindung zweier Liebender, sondern ein langwieriges und kompliziertes Arrangement zweier

Gruppen, die wiederum über gemeinsame Ahnen miteinander verbunden waren. Es ist nur ein westliches Gerücht, dass dabei die jungen Leute nicht gefragt wurden und es die Regel gewesen wäre, dass man sie gegen ihren Willen miteinander verheiratet hätte. Tatsächlich waren diese Ehen häufig sehr glücklich und man kann heute sogar beobachten, dass es – nach ein/zwei Generationen von »Liebesheiraten« mit hohen Scheidungsraten – wieder einen richtigen Trend zu arrangierten Hochzeiten im Rahmen einer Großfamilie gibt. Ihre Stabilität scheint einfach größer zu sein.

Die Solidarität und den Zusammenhalt in einer afrikanischen Großfamilie habe ich hautnah erlebt. Die afrikanische Familie ist – ich sage es einmal wissenschaftlich – intensivste Sozialisation. Mit der manchmal sanften, manchmal recht handfesten Gewalt von Generationen werden Werte vermittelt, erprobt und überprüft. Verantwortung wird gelernt, Verbindlichkeit eingeübt. Die Familie ist eine einzige praktische Schule des Lebens und zugleich der Ort seiner Bewährung. Ja, das Wort stimmt: *Um ein Kind zu erziehen, braucht es ein ganzes Dorf!*

Das ist keineswegs übertrieben. Vater und Mutter, Onkel und Tanten, Vettern und Basen und ein paar gute Bekannte im Himmel haben an mir miterzogen. Es hat mir sichtlich nicht geschadet. Ich bin sogar überzeugt, dass in einer intakten Großfamilie weniger Standpauken, Grundsatzreden und Familienkonferenzen nötig sind, als in einer Kleinfamilie, wo der ganze Druck der Normenvermittlung auf den Schultern zweier armer, verunsicherter Eltern ruht. Was geht und nicht geht, ist in einem eingespielten Verband ziemlich klar. Aber die Familie reicht weit über das Haus und das Netzwerk der Verwandtschaft hinaus. Der Einfluss der typischen nigerianischen Großfamilie geht bis ins öffentliche und politische Leben hinein, wo er – auch das sei gesagt – sich manchmal leider auch in Form von Vetternwirtschaft niederschlägt.

Diese Familie trägt dich in frohen und in schweren Zeiten, aber sie stellt auch strenge und harte Anforderungen an jedes einzelne Familienmitglied. Kommt zum Beispiel ein Verwandter aus einer fremden Stadt zu uns, so dürfte er niemals in einem Hotel wohnen. Selbstverständlich ist er bei uns zu Hause. Und so würde es auch mir gehen, käme ich zu meinen Verwandten in einer entfernten Region. Ich müsste bei ihnen wohnen, wenn die räumlichen Verhältnisse auch noch so beengt wären. Was die Aufnahme von Menschen angeht, so betrifft dies auch die Annahme von Kindern. Jedes Leben ist heilig und wird jubelnd begrüßt, wie immer es auch entstanden sein mag oder woher es auch »hereingeschneit« kommt. Es macht die Familie nur stärker. Wow, super, wieder einer mehr von unserer Sorte! Erst in Europa ist es mir begegnet, dass ich in einer vergleichbaren Situation hörte: »Ein Fresser mehr!« Ich staunte. Familienplanung ist auch bei Nichtkatholiken eine eher misstrauisch beäugte Maßnahme.

Was Gastfreundschaft angeht, so gibt es strenge Regeln. Wer immer bei uns Gast ist – und sei es auch ein Mensch mit niederem sozialen Status –, bekommt den vornehmsten Platz, die beste Schlafmatte, das beste Bett angeboten. Er soll sich in jeder Weise wie zu Hause fühlen. Er soll sich freuen, soll satt sein, soll lachen, soll tanzen. Alle schauen heimlich nach dem Gast: Ist er wirklich satt, lacht er, tanzt er, hat er was zu trinken? Dann freut sich das ganze Haus. Die traditionelle Familiengesellschaft Westafrikas kennt keine Armen, keine Obdachlosen und keine Altersheime. Altersheime sucht man in der Region vergebens. An der Westküste muss man wohl bis Südafrika hinunterfahren, um der ersten Einrichtung dieser Art zu begegnen.

Die Sehnsucht nach dem warmen Nest

Jeder braucht eine Heimat. Jeder braucht eine Familie. Jeder will geborgen sein. Die Jugendstudien, die man in Deutschland hat, erzählen davon. Junge Menschen sehnen sich nach Geborgenheit und Familie. Aber später setzen sie diesen Wunsch dann doch nicht in die Wirklichkeit um. Warum?

Mit »Chinedu«, meinem deutschen Freund Martin, der das faszinierende Netzwerk und die überfließende Herzlichkeit meiner Familie in Nigeria erlebt hat, der auch weiß, dass ich alle Kraft, die ich habe, neben dem lieben Gott eben dieser Familie verdanke – mit ihm habe ich oft über die deutsche Familienmisere gesprochen: »Warum zerhackt ihr in eurem Volk die Bande, die euch tragen? Warum fördert ihr diesen Individualismus? Warum die Single-Kultur, in der man keinen Halt findet und im Notfall nicht einmal eine Schulter hat, an der man heulen kann?«

Martin kann das alles auch nicht verstehen. Einmal meinte er: »Vielleicht, Obi, ist es so: Die Leute glauben, am richtigen Bahnhof zu sein; sie warten auch auf den richtigen Zug; es sagt ihnen aber niemand, dass der auf einer ganz anderen Strecke fährt. Und wenn der Zug auf einer anderen Strecke fährt, wartet man im Bahnhof vergeblich. Dann ist es der falsche Bahnhof, oder? Denn: Solange Kinder nur als Objekte der Betreuung gesehen werden und nicht als Subjekte der Entfaltung, gibt es keine Familienpolitik. Unsere Politiker meinen, es würden Kinder kommen in Deutschland, wenn man viele schöne Babykrippen, Kindergärten und Kinderhorte baut.« – »Ist das nicht wie früher in der DDR?«, wagte ich zu fragen. Auf keinen Fall dürfe ich so denken, meinte Chinedu, das sei politisch unkorrekt. Schwierig, diese Deutschen!

Gibt es da Blumen?

Warum soll ich nicht sagen, was ich denke? Wenn ich richtig verstehe, was bei euch und in anderen Ländern der westlichen Welt gerade geschieht, dann holt ihr eure

Kinder aus den Familien heraus und gebt sie dem Staat. Das ist es doch? Ihr habt gewiss gute Gründe dafür. Mann und Frau sollen beide arbeiten können, die Frau soll nicht benachteiligt sein. Gewiss wäre es unerträglich, dass einer von beiden benachteiligt sein könnte, der Staat also beispielsweise die Frau nach Hause befiehlt. Wenn ihr beide arbeitet, liegen die Kinder auf der Straße. Also soll der Staat ihnen ein Nest bauen.

Das lässt sich der Staat nicht zweimal sagen, denn er ist vor allem eines: geldgierig. Er hat irrsinnige Schulden und möchte seinen Wählern viele teure Geschenke machen. Wenn zwei Partner aus einer Familie Geld verdienen, bekommt er mehr Steuern, als wenn ein Familienmensch Geld verdient. Das ist doch sonnenklar. Wenn aber zwei Familienmenschen schuften bis zum Umfallen: Wie sieht es dann zu Hause aus? Gemütlich vielleicht? Wird da schön gekocht? Gibt es da Blumen? Ist da Musik? Gibt es da Zärtlichkeit und schöne Gespräche? Nein. Da fallen alle am Abend nur noch müde um. Möchte ich da ein Kind sein? Nein. Möchten solche gestressten Eltern noch ein/zwei/drei/vier weitere Kinder? Nein.

Wir Afrikaner sind wie gesagt Familienmenschen. Wir haben nicht so ein großes Zutrauen zum Staat. Der Staat ist weit weg, er ist viel zu oft in Händen von Leuten, von denen ich kein Pfund Bohnen kaufen würde. Und mit seinen Organen hat man besser nichts zu schaffen. Keinem Afrikaner würde es einfallen, sein kostbarstes Gut, die Kinder, ausgerechnet dem Staat in die Hände zu geben. Nun besteht der deutsche Staat nicht aus Gangstern, die sich mit viel Geld und einer Truppe Söldnern an der Macht halten. Trotzdem: Die Familie, die mittlere Instanz, die wir selbst in ihren Werten prägen, ist es, der man Vertrauen schenken sollte. Bei Lothar Roos, meinem verehrten Lehrer, wurde ich immer wieder auf das so genannte *Subsidiaritätsprinzip* hingewiesen: Was eine kleine gesellschaftliche Gruppe für sich regeln kann, darf nicht eine übergeordnete Instanz übernehmen. Wieso macht ihr das Vertrauensmilieu der Familie kaputt, um eure Kinder anonymen Lern- und Aufbewahrungsorten zu übergeben? Die Rechnung kann nicht aufgehen. *»Abwesenheit«*, sagt ein Sprichwort aus meiner afrikanischen Heimat, *»lässt ein Kind nicht gedeihen«*.

Ohne Familie verkommt der Mensch

In Afrika gilt ein Mensch, der aus der Familie herausfällt, als Vagabund und Streuner. Und das ist die Wahrheit: Ohne die Familie, ohne Verantwortung und Verbindlichkeit, ohne das kleine Milieu, in dem man beim Namen gerufen wird, in dem man sich kennt, in dem man wächst und von einer Vielzahl von Menschen geschätzt und geliebt wird – ohne das geht es menschlich nicht. Ohne Familie verkommt man. Die gewalttätigen russischen und türkischen Zuwandererkinder in Deutschland – es ist für mich kein Rätsel, warum sie ausflippen. Sie verkommen, weil sie keine Familie haben.

Familie kann nur im Plural überleben

Wenn ich für die Familie werbe, dann wohlgemerkt nicht für die deutsche Kleinfamilie, die wie eine Monade in einer Vier-Zimmer-Wohnung eingesperrt ist. Das kann die Hölle sein. Nein, ich werbe für ein Netz von vielen Familien, die vielfältig miteinander verflochten sind, die eng beieinander wohnen, in der es alte, sehr alte, junge und sehr junge, behinderte und nichtbehinderte Menschen gibt – ein bunter Kessel gegenseitiger Hilfe und Achtung. Familie kann nur im Plural überleben.

Wahrheit, Kommunikation, Streitkultur

Wenn du wissen willst, was dein Nachbar von dir denkt, so fange einen Streit mit ihm an

Eines der gängigsten Vorurteile über uns Afrikaner ist, dass wir es mit der Wahrheit nicht so genau nehmen. »Sie halten euch für Schluris«, sagte mir Martin einmal. »Was ist ein Schluri?« – »Ein Schluri«, sagte Martin, »ist einer, dem man nicht böse sein kann, wenn er ein bisschen lügt, ein paar Dinge zur Wahrheit hinzuerfindet. Im Grunde ist ein Schluri ein guter Kerl. Aber man nimmt ihn nicht ganz ernst.«

Wir sind also Schluris?

O nein, ihr täuscht euch. Wir haben ein sehr intaktes Verhältnis zur Wahrheit. Unsere ethischen Theorien sind weniger ausgebildet; wir haben keinen Immanuel Kant hervorgebracht und keinen kategorischen Imperativ. Wir haben aber verbindliche Gemeinschaften des Erzählens und Erinnerns, in denen jeder Einzelne beim Wort genommen wird. Wahrheit ist mehr ein Lebensvorgang, eine Wirklichkeit als ein Terminus aus der Logik oder eine Forderung, etwas richtig zu sagen. Natürlich haben wir Afrikaner auch viel Fantasie – aber gerade sie brauchen wir, um auf eine andere, teilweise mythische und symbolische Art zu sagen, was *ist*, was *gilt*. Das ist Wahrheit. Sie soll sich ereignen. Sie ist die Logik einer Erzählung, in der wir selbst vorkommen.

Mache ich mich verständlich? Nein? Dann erzähle ich euch wieder ein Märchen. Es ist ein Märchen über das *Achte Gebot*, also ein Märchen zum Thema Lügen.

Warum man nicht lügen soll

Es war einmal ein Schäfer, der besaß eine große Schafherde. Weil so viele neue Lämmer geboren wurden, wusste er eines Tages nicht mehr, wie groß eigentlich seine Herde ist. Der Schäfer war im ganzen Land als Spaßvogel bekannt. Ihm fielen immer wieder neue Streiche ein. So war es auch, als er mit seiner Herde vor der Hauptstadt des Landes angekommen war. Irgendwie stach ihn der Hafer – so sagt man in Deutschland – und ihm kam die Idee, die Menschen in der großen Stadt aus ihrer Trägheit herauszulocken.

Mit seinen Schafen ging er ganz nah an die Stadtmauer her-

an und schrie plötzlich um Hilfe. »Ein Löwe«, rief er, »will mich fressen!«

Sofort schlugen die wachhabenden Soldaten des Königs Alarm. Bald kamen schwer bewaffnete Männer aus den Stadttoren heraus. Doch weil sie keinen Feind erkennen konnten, entstand ein schreckliches Durcheinander. Mitten in dieses Durcheinander blökten ängstlich die Schafe. Weil die kampfbereiten Männer keinen Löwen sehen konnten, wurde ihnen schnell klar, dass sich der Schäfer einen dummen Scherz erlaubt hatte. Also fesselten sie ihn, nahmen ihn mit und führten ihn dem König vor. Der König wollte ihn für ein paar Tage ins Gefängnis stecken, denn er hatte versucht, die Hauptstadt zum Narren zu machen.

Doch der Schäfer bat um Gnade und versicherte, er habe nur die beiden Schlafmützen am Tor aufwecken wollen. Der König gab ihm daraufhin seine Freiheit zurück. So konnte der Schäfer vergnügt wieder zu seinen Schafen gehen. Doch diese waren längst in alle Richtungen zerstreut. Ja, einige Leute hatten sich sogar eine Freude daraus gemacht, die Herde des Spaßvogels noch weiter zu zerstreuen. So hatte der Schäfer alle Mühe, seine Herde wieder zusammenzubekommen. Außerdem musste er den Hohn der Leute ertragen, die ihm vergnügt bei seiner Arbeit zusahen. Der Spott der Leute war für den Schäfer so demütigend, dass er erstens beschloss, niemals mehr die Unwahrheit zu sagen, und zweitens entschied, niemals mehr in die Hauptstadt zu gehen. Dort sahen ihn alle als Lügner an, eine Vorstellung, die ihm großes Missvergnügen bereitete.

Am Abend, legte er sich inmitten seiner Herde vor der Stadtmauer zur Nachtruhe. Doch plötzlich wurde er vom Gebell seiner Hunde geweckt. Er konnte aber keinen Feind erkennen. Aber als er den Todesschrei eines seiner Lämmer wahrnahm, sah er ihn: den Schatten des Löwen. Sofort rief er um Hilfe, denn sein Leben und das Leben aller Bewohner in der Stadt war in Gefahr. Doch die Soldaten am Tor lachten nur und meinten, der Schäfer wolle sie abermals zum Narren halten. So unternahmen sie nichts.

Am nächsten Morgen jedoch kam ein Hund aufgeregt zu den Wachen und zerrte sie vor die Stadt. Die Schafherde war zerstreut, vom Schäfer fehlte zunächst jede Spur. Schließlich fanden sie ihn mit der Hilfe des Hundes und erschraken sehr. Denn der Schäfer lag in einer großen Blutlache und war tot. Der Löwe hatte ihn zerrissen. Der König der Tiere hatte ihm die Lüge nicht verziehen, dachten sie.

Als der König von dieser Geschichte hörte, befahl er, den Schäfer genau an dieser Stelle begraben zu lassen. Auf einem großen Stein wurde die ganze Geschichte vom traurigen Ende des Lügners erzählt.

Lügen sind Löwen unangenehm

Warum erzählen wir das *Achte Gebot* so? Weil es erhebliche Vorteile bietet. Wenn eine ethische Weisung in der abstrakten Form von »Du sollst nicht lügen!« oder »Du sollst kein falsch Zeugnis geben wider deinen Nächsten!« ergeht, so ist das für uns Afrikaner wie ein Leerformel, eine Weisung ohne Tiefe und ohne Geschichte. Das kann ja jeder sagen, denken wir. Also gehen wir unter den Baobab und hören eine Geschichte. Wir hören die Geschichte vom Schäfer und erfahren eine solche Fülle bewegender Einsichten, dass sie in Deutschland bestimmt das Ergebnis einer Habilitationsschrift wären: 1. Lügen sind immer schlecht, wenn man sich auch zunächst nur einen Scherz daraus macht. 2. Aus einer kleinen Lüge können sich riesige Folgen ergeben. 3. Lügen betreffen immer die Gemeinschaft, weil sie soziale Folgen haben. 4. Lügen machen den Lügner unglaubwürdig; sie strafen ihn, wenn er darauf angewiesen wäre, dass man ihm glaubt. 5. Ertappte Lügner sind eine gefundenes Fressen für Spötter. 6. Lügen sind »unnatürlich«, weil dem Ganzen der Schöpfung zuwider; sie sind sogar Löwen unangenehm.

Streiten will gelernt sein

Ein weiterer Aspekt des afrikanischen Wissens um Wahrheit kann man in der großen afrikanischen Tradition des *Palavers* entdecken. Das ist der tiefe Sinn des Sprichwortes: *Wenn du wissen willst, was dein Nachbar von dir denkt, so fange einen Streit mit ihm an.* Wenn ich in Europa mit großer Hochachtung vom Palaver als einem hochdifferenzierten Instrument der Streitkultur sprach, ist mir häufig Missverständnis entgegengebracht worden, ja ein Gesprächspartner mit oberflächlicher Afrikaerfahrung hat sogar einmal von »Quatschbude« gesprochen: »Ihr redet und redet und redet – und es kommt nichts dabei heraus!«

Ja, in einem traditionellen afrikanischen Palaver, etwa vor Gericht, wird wahrhaftig viel geredet. Der Eindruck allerdings, es käme nichts dabei heraus, kann nur entstehen, wenn man meint, ein Palaver habe das Ziel, dass zwischen zwei Parteien Gerechtigkeit und damit der Sieg der einen Partei über die andere angestrebt wird. Das ist nicht der Fall. Der Philosoph Bernard Atangana hat einmal gesagt: »Das Palaver der Schwarzen strebt nach Harmonie und Einheit, während das der Weißen nach Gerechtigkeit sucht.« Noch einmal darf ich daran erinnern, dass wir Afrikaner weder besonders zielorientiert sind noch besonders gerne Dinge für alle Zukunft klarstellen wollen. Wir sind eher unseren Wurzeln zugewandt. Ja – geht es denn in einem Palaver nicht um Wahrheit?

Wahrheit entdecken

Doch, ja – es geht um Wahrheit, aber um Wahrheit im afrikanischen Sinn: Wahrheit entdecken wir; wir finden sie nicht in der Abstraktion, nicht in der Zukunft eines gemeinsamen Beschlusses oder einer gemeinsamen Erkenntnis. Die Wahrheit soll sich *zeigen,* so dass sie jeder, aber auch wirklich jeder in der Runde mit absoluter Evidenz in seiner Seele fühlt. Die Wahrheit ist in den Wurzeln, ist in dem, was *ist*, was man an gemeinsamer Geschichte hat, was man miteinander erfahren hat. Nach dem Philosophen Eboussi Boulaga ist das Palaver ein »Ritual der Restauration«. Man bezieht sich »auf ursprünglichen Neubeginn«, besinnt sich auf die Verhältnisse »vor der Auflösung der Dinge«; nach einer »Zerstörung, einem Verfall, einem Irrtum oder einer Verfremdung kehrt man für einen neuen Anfang zu den Quellen zurück«. Das braucht Zeit, braucht Erzählung, braucht die Beteiligung aller, braucht das Wiederkäuen des immer Gleichen, bis es nach Stunden oder Tagen so gesagt und empfunden ist, dass es allgemeine Zustimmung findet. Eine europäische Diskussion ist beendet, wenn der einen Seite ein »schlagendes« (!) Argument einfällt. Im Grunde geht es in Europa noch immer nach Thomas von Aquin und seinem Modell der scholastischen Disputation: Erst wird ein These aufgestellt, dann wird die Antithese möglichst scharf formuliert, und wenn die Synthese dann logisch schlüssig ist, ist die Veranstaltung zu Ende. Mindestens eine Seite geht mit Bauchgrimmen und geballter Faust in der Tasche nach Hause.

Wie Palaver geht

Palaver ist eine kunstvolle Form der Rede und Gegenrede, die fast überall in Afrika noch heute lebendig ist und mit deren Hilfe man große und kleine Konflikte friedlich beilegt. Das Palaver ist meines Erachtens durch sechs Elemente gekennzeichnet: 1. In jedem Palaver gibt es die *Verbindlichkeit* des Miteinandersprechens: Einem Palaver kann man sich genauso wenig entziehen, wie man sich in Europa einer Einladung vor das Landgericht entziehen kann. Trotzdem ist das Palaver kein »Gericht«. 2. Es gibt einen allseits anerkannten Ehrenkodex der *Aufrichtigkeit* und *Verlässlichkeit* aller Beteiligten. 3. Das Ziel eines Palavers ist Harmonie und Versöhnung, besser gesagt: ein harmonisches *Sich-Wiederfinden in der Wahrheit*. 4. Das Palaver ist ein *Friedensraum*. Alle sind sich einig, auf Gewalt zu verzichten und eine Therapie, einen für alle gangbaren Weg zu finden. 5. Das Palaver braucht immer *Zeit*. Es ist zu Ende, wenn es zu Ende ist, vorher nicht. »Man weiß: Es darf nichts zurückbleiben. Schlechte Gefühle sind der Nährboden für den nächsten Schlag, den nächsten Krieg« (Katharina Morello). 6. Das Palaver endet immer in *Versöhnung* und mit einem *Fest*.

Oh ja, ich bin stolz, dass wir dieses originär afrikanische Instrument besitzen und mittlerweile auch in größeren Zusammenhängen anwenden. Mindestens vier Fälle sind bekannt und wissenschaftlich beschrieben, in denen es mittels unserer alten Palavertechnik zu neuen Wegen des Friedens und des Ausgleichs der Interessen gekommen ist. In unserem Nachbarland Benin kam es unter der Leitung des Bischofs Isidore de Souza zu einer Art gigantischem Nationalpalaver, in dem nahezu alle zerstrittenen Gruppen und Stämme integriert waren. Das Palaver wurde tatsächlich der Beginn eines friedlichen Demokratisierungsprozesses in Benin. Mit Hilfe der Gemeinschaft Sant' Egidio kam es in Mosambik nach jahrzehntelangem erbittertem Bürgerkrieg durch ein Palaver zur Versöhnung der zerstrittenen Parteien. Bei den Touareg in Mali wurde das Ende ihres blutigen Konflikts durch ein Palaver herbeigeführt. Nicht zuletzt war die Gegenüberstellung von Tätern und Opfern in der südafrikanischen »Nationalkommission für Wahrheit und Versöhnung« durch Bischof Desmond Tutu ein Palaver.

Obgleich das Palaver vorchristliche Wurzeln hat, bin ich doch auch als Christ stolz auf dieses Instrument. Hat Jesus nicht die Friedensstifter seliggepriesen? Und hat er uns nicht gemahnt, erst die Versöhnung mit unserem Bruder zu suchen, bevor wir unsere Gabe zum Altar tragen?

Oh, ich springe gerne in ein Palaver hinein

Ich liebe es zu streiten, zu reden, zu diskutieren, zu erinnern, miteinander die wahre Seite der Dinge herauszukitzeln. Aber ich habe dabei immer ein Lächeln in der Hinterhand. Böse will ich nie werden. Wer fanatisch wird, hat immer Unrecht. Auch im Streit um das bessere Argument bestimmt die Gelassenheit das Sein. Aber muss man dann auch mit harten Waffen kämpfen? Bei uns Afrikanern hört es sich manchmal sehr laut und energisch an, aber wir lassen den anderen immer noch leben. Richtig leben. Er muss sein Gesicht wahren können. Mit der Gründlichkeit des Streits, der Debatte und der Diskussion muss man es nicht übertreiben. In der Sache hart, aber herzlich zu den Menschen. Das geht!

Palaver und Menschenrechte

Das große kontinentale Palaver steht noch aus – das über die Menschenrechte. Wir afrikanischen Christen sehen darin die große Herausforderung der kommenden Jahre. Das ist unsere Waffe im Kontext der Islamisierung. Wir stehen nicht allein in diesem Palaver, das so sicher kommt wie das Amen in der Kirche. Alle Menschen guten Willens, alle Vernünftigen, auch die vernünftigen Muslime sind auf unserer Seite und nicht auf der Seite jener, welche die »umma« instrumentalisieren, um Afrika zu beherrschen und uns von der Landkarte zu löschen.

Die Rechte aller Menschen sind keine christliche, keine westliche, schon gar keine europäische Erfindung. Jeder Mensch kann sie mit seinem Verstand einsehen und mit seinem Herzen ihre Wahrheit fühlen. »Wie könnte es Kriege geben, wenn jedes Menschenrecht respektiert würde? Die Kultur der Menschenrechte kann nur eine Kultur des Friedens sein. Jede Verletzung birgt die Keime eines potentiellen Konfliktes in sich. Wenn ein Volk mit Gewalt unterdrückt wird, wer hätte den Mut, der übrigen Welt Sicherheit im Kontext eines dauerhaften Friedens zu verheißen?« Das schrieb Papst Johannes Paul II. zum Weltfriedenstag am 1. Januar 1999. Die Menschenrechte verdienen unbedingt Achtung.

In Afrika können sie alle Völker und Religionen an der Wurzel ihrer Identität entdecken. Die Menschenrechte sind das Erbe der Menschheit. Christen bringen den Völkern nichts Fremdes; sie bilden nur das Ferment, das anderen hilft, ihre eigene Wahrheit zu entwickeln, ihr Eigenes zu entdecken.

Auch ich habe einen Traum

Oh ja, es ist eine große Vision! Lasst mich an gewisse Dinge erinnern, mit denen wir überall auf der Erde eine

Gesellschaft bauen können, in der es gut ist, ein menschliches Wesen zu sein:

Kommt zum großen Palaver,
entzieht euch nicht!
Seht das Recht des Menschen,
seht es an der Wurzel des großen Baumes.
Seht es an den Füßen des Menschen!
Seht die Dinge, die ihm gehören
von allem Anfang an,
vom Leib seiner Mutter her,
von seines Vaters Gesetz,
von den Ahnen her!

Seht die heiligen Dinge.
Seht, was Könige nicht rauben,
Priester nicht fordern
und Mächtige dem Menschen
nicht nehmen dürfen:

FREIHEIT,
das königliche Zeichen
auf der Stirn!

LEBEN,
der Garten,
den keiner betreten darf.

GOTT,
worin er
dem Menschen
auch immer erscheint.

Kommt her zum großen Palaver,
kommt, entzieht euch nicht!
Kommt, die ihr für den Menschen
streitet und für seine Rechte.
Kommt, die ihr groß seid,
weil ihr für die Schwachen eintretet.
Kommt, die ihr das Recht
nicht als Prügel verwendet,
um euren Reichtum zu mehren.
Kommt, ihr demütigen Knechte des Rechts
an die Wurzel des großen Baumes,
am Fuß unserer Ahnen.
Kommt, wie es recht ist
vor allen Großen
unserer Völker.
Kommt, dir ihr euch
messen lasst
an den Waffenlosen,
den Armen,
den Kindern,
den Frauen.

Wird meine Vision einmal Wirklichkeit? Könnte es sein, dass wir Völker und Religionen Afrikas uns noch einmal unter dem Baum unserer Ahnen wiederfinden, unter neuen globalen Vorzeichen – den Menschenrechten? Könnten wir sie nicht an der Wurzel unseres Baumes entdecken?

Die Menschenrechte sind allgemeingültig (keiner kann sagen: Wir haben ein anderes Recht); sie sind untrennbar mit der Wahrheit verbunden (keiner kann sagen: Wir haben eine andere Vernunft). Das Recht auf Leben ist die Grundlage aller anderen Rechte (kein Forscher darf Wegwerf-Embryos züchten, um Stammzellen daraus zu gewinnen). Die Religionsfreiheit ist das Herzstück der Menschenrechte (selbst Atheisten müssen sich auf den Schutz der Kirche verlassen dürfen). Jeder hat das Recht auf Freiheit (auch ein Junge im Gefängnis von Enugu, dem das Geld fehlt, die Polizei zu bestechen). Minderheiten genießen Minderheitenschutz (wenn beispielsweise christliche Gemeinden in vielen Ländern von der Welle gewaltsamer Islamisierung überrollt werden). Jeder hat das Recht auf freie Selbstentfaltung (auch die Frauen im Islam). Nur so sind wahre Freiheit und Glück möglich. Ein globaler Fortschritt in Solidarität ist die Garantie für anhaltenden Frieden (das nimmt die westliche Welt in die Pflicht). Die ernst genommene Verantwortung für die Umwelt ist zugleich die Grundlage für eine nachhaltige Zukunft (ich denke nur an die beschämenden Ergebnisse des letzten Weltklimagipfels). Das Recht auf Frieden gründet auf der

Pflicht zur Gerechtigkeit. Wer Frieden will, muss für Gerechtigkeit kämpfen.

Alle tragen Verantwortung.

Dem Königreich der Lüge widerstehen

Die meisten lokalen und globalen Konflikte werden ausgetragen, weil die Wahrheit über Bord geworfen wurde und Lügen ihren Platz eingenommen haben. Jesus sagte einst zu seinen Jüngern: *»Nur die Wahrheit macht euch frei.«* Michael Novak, der 24. Empfänger des Templeton-Preises für Forschung zur Beziehung von Wissenschaft und Religion, rief dies in seiner Templeton-Rede aus dem Jahre 1994 in der London Abbey in Erinnerung: »Der Wahrheit zu gehorchen bedeutet, frei zu sein. Und in manchen Extremsituationen ist dem gepeinigten Geist nichts klarer, für das Selbstwertgefühl nichts bedeutsamer, nichts wichtiger für das Gefühl, als ein wertvoller Mensch und niemandes Schräubchen zu sein und bis zum Tod dem Königreich der Lügen zu widerstehen. Nichts ist so teuer, wie die Wahrheit zu bewahren. Des Menschen Würde liegt in seiner Treue zur Wahrheit.«

Ein Krieg zwischen den Religionen ist absurd. Keine wirkliche Religion kann jemals Krieg predigen. Irregeleitete Menschen machen aus der Religion ein Instrument für Krieg und das ist das Problem. In Nigeria haben wir nie einen Religionskrieg gehabt, und sei es in den vorarabischen Zeiten, denn Nigeria ist ein Land, das arabisch und abendländisch gleichermaßen beeinflusst ist. Die Situation des Religionskonfliktes hat sich erst in der nachkolonialen Zeit zugespitzt. In dieser nachkolonialen Zeit herrscht ein ernster Machtkampf zwischen den Leuten.

Es gibt 350 Sprachen in diesem Land, rund 400 ethnische Gruppen. Und wenn so viele verschiedene Sprachen gesprochen werden, ist das wie Russisch, Englisch, Portugiesisch, Französisch in einer Nation! Da ist der Ausgleich der Interessen nicht einfach zu bewerkstelligen. Manche Leute benutzen religiöse Gefühle, um ihre politische Karriere zu fördern. Es wird gesagt, dass die Leute im Norden gegen die Leute im Süden kämpfen würden, aber in Wirklichkeit waren das Politiker, die ihre eigene Religion missbrauchten. Einige Muslime benutzen die krasse Armut in ihrer Gegend, um die Jugendlichen, die nicht selten auf der Straße leben als streetboys und streetgirls, mit einem Versprechen zu mobilisieren: Wenn sie diese oder jene Kirche niederbrennen, dann bekämen sie Arbeit. Es klingt dann in den Weltnachrichten so, als sei Nigeria eine Front eines Religionskrieges. Erstens gibt es keinen »Krieg« – und wenn es einer wäre, dann ein einseitiger.

Wir Christen nehmen diesen Krieg nicht an. Wir laden zum Dialog ein. Das ist die »counter-motion«, die Gegenbewegung. In Nigeria leben, man könnte sagen, etwa gleich viele Christen und Moslems. Es sind 150 Millionen Menschen; außerdem bekennen sich in diesem Gebiet eine ganze Menge Menschen zu afrikanischen Religionen; oft sind sie religiös, gehören aber keiner offiziellen Gruppe an. Wie kommt es jetzt dazu, dass Moscheen oder Kirchen niedergebrannt werden? Es sind die Politiker, die andere gegeneinander aufhetzen. Hier haben wir als Kirche eine Verantwortung – und noch sehr viel Arbeit. In meiner Funktion als Vorsitzender einer Kommission, die dem interreligiösen Dialog, dem christlich-moslemischen Dialog im Bundesland Enugu dienen will, habe ich versucht, Gespräche so zu führen, dass Auseinandersetzungen gemindert werden.

Der Islam in der Reformation

Ohne dass wir es gewollt hätten, richten sich im Augenblick die Augen vieler Menschen auf unsere kleinen Gespräche. In New York und anderswo spricht man vom *Clash of Civilizations* und hält den blutigen Aufeinanderprall für unausweichlich. Wir aber reden – Christen mit

Muslimen, Muslime mit Christen. Klar, da will man wissen: Ist der Dialog mit dem Islam möglich?

Ein Dialog ist möglich, und bei uns läuft er jetzt schon seit Jahren. Die Menschen gehen doch auch zum gleichen Marktplatz; sie besuchen die gleiche Schule, essen das gleiche Essen, leben in der gleichen Stadt unter den gleichen klimatischen Bedingungen, teilen die gleichen Schwierigkeiten. Doch dann haben sie in der Religion Probleme. Was tun wir?

Wir halten *Palaver* auf kleiner Ebene. Wir erklären uns in Achtung voreinander unseren Gott und unseren Glauben. Und wir sprechen über Konfliktzonen, wo wir uns ständig gegenseitig Prellungen zuziehen. Viele Konflikte konnten schon ausgeräumt werden, so in Gegenden wie Kano, Jos, Kaduna, Sokoto und Katsina in Nordnigeria, wo heute überwiegend Muslime wohnen. Zugleich sind das auch Gegenden, in denen Armut stark verbreitet ist, weil die Muslime im Norden durch ihre Führer nicht zugelassen haben, dass bei ihnen in der Missionszeit Schulen gebaut wurden. Somit sind ihre Kinder nicht zur Schule gegangen und finden jetzt keine Arbeit. Die Schule ist der Schlüssel zum Leben, zur Modernisierung, zur Welt, zur Wirtschaft, zum Arbeitsplatz.

Natürlich gibt es Schwierigkeiten im Dialog. Aber es gibt auch große Chancen. Die Schwierigkeiten ergeben sich häufig, wo es um die Inhalte des Glaubens geht. Plötzlich stehen Fragen im Raum wie etwa: »Welche Bedeutung hat Mohammed?« oder: »Ist Christus der Sohn

Gottes?« Und plötzlich hat man eine Diskussion wie zwischen einem Tauben und einem Blinden. Das ist das Problem. Chancen sind insofern vorhanden, als man bei Fragen wie denen der Armutsbekämpfung ansetzen kann. Das interessiert alle. Jeder will wissen, wie man mehr Mensch sein kann, wie man Arbeit findet, wie man unsere Umwelt verbessern kann, wie man mit HIV-Infizierten umgeht, wie man besser zusammenarbeitet.

Das sind alles Fragen mitten aus dem Leben. Euer Dichter Bert Brecht – sagte er nicht: Erst kommt das Fressen, dann kommt die Moral? Das kann man positiv deuten. Der berühmte Kölner Kardinal Josef Frings hat das einmal ziemlich deutlich nach dem Krieg gesagt: Zuerst müssen die Menschen zu essen bekommen, dann kann man mit ihnen über Moral und Ethik sprechen.

Wir müssen dem Islam helfen

Der Islam hat nicht nur eine Richtung, dort gibt es schiitische Muslime und sunnitische, es gibt muslimische Bruderschaften und allerlei Gruppen. Auch die älteren Gruppen, die radikaleren Gruppen – alle sind sie im Islam vereint. Im Iran etwa sind radikale Kleriker an die Macht gekommen, die nicht repräsentativ sind für den Gesamtislam; sie haben aber die Macht übernommen, haben eine Theokratie aufgebaut. Jetzt gilt nur noch das, was sie sagen. Sonst nichts. Die öffentliche Meinung oder die freie Meinung überhaupt ist dort unwichtig.

Wenn jemand sagt: Gott hat mich gesandt, also muss ich dies und das jetzt ausführen, ist Demokratie ausgehebelt. Eine Mehrheit von Menschen interessiert uns nicht, werden die Theokraten sagen, Gott ist immer die Mehrheit. Und wir wissen, was er von uns will. Punkt. Dennoch (und so bedrohlich es aussieht): Dies sind die letzten Nachzügler einer Form des Islam, die sich eigentlich überlebt hat. *»Gott hat kein Gefallen am Blut«*, zitierte Papst Benedikt bei seiner Regensburg-Rede aus einem interreligiösen Dialog, *»und nicht vernunftgemäß, nicht* ›συν λόγω‹ *zu handeln, ist dem Wesen Gottes zuwider. Der Glaube ist Frucht der Seele, nicht des Körpers. Wer also jemanden zum Glauben führen will, braucht die Fähigkeit zur guten Rede und ein rechtes Denken, nicht aber Gewalt und Drohung … Um eine vernünftige Seele zu überzeugen, braucht man nicht seinen Arm, nicht Schlagwerkzeuge noch sonst eines der Mittel, durch die man jemanden mit dem Tod bedrohen kann …«* Mittlerweile haben viele einsichtige Muslime erkannt, dass der Papst ihre Sache betrieb, als er den mittelalterlichen Kaiser Manuel II. Palaeologos bemühte.

Der Islam durchlebt gerade seine Reformation, was innerhalb des Islams schon problematisch wäre. Es gibt immerhin sogar Moslems, die den Propheten Mohammed nicht annehmen und nicht annehmen wollen. Diese Krise des Islams spürt die übrige Welt. Das Schlimmste ist, dass der Islam in einer Auseinandersetzung mit der globalen

Welt steht, der er von innen her noch nicht gewachsen ist.

Der Islam ist im Umgang mit der Demokratie, im Umgang mit einem westlichen Modell völlig hilflos. Da können wir schon von einem wahren Kulturkampf sprechen. Man steigert sich in einen Kampf gegen eine Kultur hinein, die dem Islam unheimlich vorkommt, weil er sie nicht kennt und meint, in ihr seinen religiösen Auftrag verlieren zu müssen. Was wir aber brauchen, ist ein aufgeklärter Islam. Der Papst hält das wohl für möglich, wie er nun häufiger schon bekundet hat. Ich bin aus der Naherfahrung heraus ganz seiner Meinung.

Gott will es *nicht*!

Wo Ungerechtigkeit vorherrscht, ist Terror geradezu vorprogrammiert. Da ist es egal, wo man hinschaut, sei es in den Nahen Osten, nach Afrika oder nach Lateinamerika. In Peru zum Beispiel oder Kolumbien hat es seit mehr als 30 Jahren Kämpfe gegeben, die nannte man nicht »Terror« – da sprach man von Untergrundbewegungen. Der Irak war bis in die 90er Jahre ein guter Freund Amerikas; da hat niemand den Irak als terroristisches Land bezeichnet.

Aber plötzlich, mit dem Mythos Saddam Hussein, beginnt man einen Krieg. Da herrschen sofort Mord und

Todschlag. Bis heute. Der amerikanische Präsident hat sich gefährlich vergaloppiert. Seine Wähler sind ihm weggelaufen, weil man das auch in den USA irgendwann merkte. Und langsam dämmert es dem Letzten. Das alles sind keine religiösen Auseinandersetzungen – hier geht es um Politik, um nichts anderes. Nur, die Leute werden wieder einmal aufgehetzt. Es lässt sich eben niemand so leicht hinter ein Gewehr verpflichten, als wenn man ihm sagt: Gott will es. Jetzt müssen alle Religionsführer (die muslimischen am besten Arm in Arm mit dem Papst) aufstehen und sagen: *Gott will es nicht!*

Den Islam pauschal als terroristischen Glauben zu bezeichnen, ist unfair. Islam heißt eigentlich »Frieden«. Und genauso sollte man davon wegkommen, Muslime pauschal als Terroristen zu bezeichnen. Terroristen findet man überall, wo Menschen Mitmenschen verachten. Und das ist keine wirkliche Eigenschaft einer Religion. Dennoch: Der Islam wird aufgrund seiner fehlenden Aufklärung und der Begegnung mit dem, was das Christentum in Aufklärung und Reformation erlebt hat, von terroristischen Machthabern und Mächten missbraucht. Geben wir ihm die Chance, uns ein anderes Gesicht zuzuwenden!

Wurzeln

Schöne Dinge wachsen mitten in den Dornen

Immer wieder komme ich auf die Wurzeln zu sprechen. Jeder Baum hat Wurzeln. Aber auch Menschen haben Wurzeln. Völker haben Wurzeln. Wurzeln sieht man nicht. Aber sie sind das Entscheidende. Es gibt Bäume in Afrika, die überleben lange Trockenperioden. Um sie herum ist scheinbar tote Wüste. Aber sie leben, brechen aus in Blüte, tragen bunte, saftige Früchte. Sie haben so tiefe Wurzeln, diese Bäume.

Die Wurzeln eines Menschen sind nicht nur sein Vater und seine Mutter. Es sind auch die Güte und der Witz des Vaters, der Glaube oder die Zähigkeit der Mutter, der Kampfeswille seiner Vorfahren, ihre Lust zu leben und sich niemals unterkriegen zu lassen, ihr wütendes Geheul in der Niederlage und ihre Triumphschreie beim Sieg. Die Wurzeln eines Menschen – das ist seine Familie, seine Herkunft. Ja, wir haben sogar Wurzeln, die von oben kommen, vom Schöpfer. Und das sind keine Luftwurzeln. Es sind wirkliche Wurzeln, die uns das Leben garantieren.

In einem Mann
kämpfen tausend Männer;
in einem einzigen Kind
einer einzigen Frau
wird ein ganzes Volk
geboren.

Der Streit um die Wurzeln Afrikas

Immer wieder spreche ich von den Wurzeln Afrikas und nenne sie »christlich«. Sie sind es auch: die gewaltige Erfahrung der Natur und die natürliche Freude an Gott, dem Schöpfer, die Hochschätzung der Familie, die tiefe Verbundenheit mit den Ahnen.

Nun kommen einige und sagen: Was redest du von afrikanischen Wurzeln und bist ein Christ? Manche Afrikaner sprechen so; sie sagen: Das Christentum ist die historisch jüngste Religion in Afrika – was auch insofern nicht stimmt, als Alexandria, Ägypten und Äthiopien zu den Wiegen der Christenheit gehören. Doch sie sagen: Das Christentum hatten die Kolonisatoren im Gepäck. Es war die Religion der Sklavenjäger. Ihre ersten Gemeinden waren freigekaufte Sklaven. Man hat uns das Christentum aufgesetzt wie einen falschen Hut. Dieser Christus hat uns Gewalt angetan. Er ist nicht Afrika.

Diesen Menschen widerspreche ich in vieler Hinsicht, wobei ich sehr wohl weiß, dass die Christianisierung Afrikas eine Geschichte mit Licht und Schatten ist. Nicht Kolonisatoren haben uns zu Christus geführt, schon gar nicht Sklavenjäger, sondern Missionare, die uns von der »fluchwürdigen Pest der Sklaverei« (Leo XIII.) befreiten und uns neben manchem Unsinn den Stolz und die Freiheit der Kinder Gottes lehrten, die Kolonisatoren nach Hause zu schicken. Und wenn es Missionare gab, die den Gott der Liebe verrieten, so haben wir noch über die Nieten des Lieben Gottes IHN kennen gelernt, der uns »aus dem Dunkel in sein wunderbares Licht ruft«.

Diejenigen, die unreflektiert ein altes, gutes Afrika beschwören, hängen Rousseaus Mythos vom »guten Wilden« an, aber nicht einer realistischen Sicht der Dinge. Die Urreligion Afrikas war ein unentwirrbares Gemisch aus Gutem und aus Bösem; sie war wie das menschliche Herz in seinen größten Ahnungen, schlimmsten Abgründen und tiefsten Sehnsüchten. Es gab das Edle in ihr nicht weniger als das Abscheuliche. Es gab die Ahnung vom Geist, aber es gab auch Dämonenfurcht und Geisterglaube. Es gab das Preislied auf die Schöpfung; es gab aber auch die abergläubische Vergötzung geschaffener Dinge. Es gab die Hochschätzung der Mutter und des Mütterlichen; es gab aber auch Fruchtbarkeitskulte und Hexenwesen. Es gab die Ahnung von Wundern; es gab aber auch böse Zauberflüche und magische Praktiken. Es gab die Liebe zu den Ahnen; es gab aber auch ihre kultische Verehrung als Götter. Es gab Wissen um das Göttliche; es gab aber auch eine Ansammlung erbärmlicher Götter und fratzenhafter Götzen. Es gab Kraft und Vitalität; es gab aber auch Drohung und Einschüchterung. Es gab einen Kodex der Anständigkeit und Werte; es gab aber auch seltsame Werte, die der Vernunft und der Gerechtigkeit widersprachen, die grausam waren und vom Geist der Liebe nicht berührt wurden. *Schöne Dinge*, heißt es in dem Sprichwort, *wachsen mitten in den Dornen.*

Er nimmt nichts und gibt alles

Ich halte es mit Papst Benedikt XVI., der gleich zu Beginn seines Pontifikates gesagt hat: »Habt keine Angst vor Christus! Er nimmt nichts, und er gibt alles.« Ja, er hat von der Kraft, der Schönheit und Wahrheit Afrikas nichts genommen. Das Licht, das Christus uns brachte, wurde zu einer *Clearing-Stelle*, die an den Wurzeln unserer spirituellen Wirklichkeit alles Dämonische, Angstmachende, Ungerechte und Lieblose ausschied. Oder sollte ich besser sagen: die alles Ungetaufte taufte und es im hellen Licht der Wahrheit reinigte.

Der Papst hat an verschiedenen Stellen auf den Zusammenhang von Vernunft und christlicher Religion hingewiesen und darauf, dass der christliche Glaube nicht nur für Aufklärung offen ist, sondern in seinem Wesen Aufklärung *ist*. Fast könnte man meinen, er sei eher einer Aufklärung als einer – afrikanischen, indianischen, ozeanischen – Naturreligion vergleichbar. Das Christentum brachte uns nicht von der Religion unserer Väter und Mütter ab, sondern reinigte, vertiefte und erleuchtete sie. Es führte uns nicht von Afrika fort – es machte uns mehr zu Afrikanern; es bestärkte uns in unserem Afrikanertum. Ein besserer Christ werden, heißt: ein besserer Afrikaner zu werden. Das Christentum war uns nicht fremd – es führte uns zu unserer Identität.

Am Beispiel der Witwen

Dass Naturreligionen und Urkulturen nirgendwo auf der Erde ohne Reinigungsbedarf sind, sieht jeder Einsichtige: Es gibt Gesellschaften, in denen das Töten von Zwillingskindern kulturell gebilligt wird. Heute ist das Töten von Zwillingen kriminell und widert an. Wenn ein Oba (Monarch bei dem Yoruba-Volk) starb, war es rituelle Praxis, Menschen zu töten. Kann man das moralisch nennen? Promiskuität und sexuelle Freiheit waren bei bestimmten Völkern über Jahrhunderte hinweg toleriert. Können wir sagen, dass das Recht und Anstand war? Stehlen war in bestimmten antiken Kulturen ein integraler, tolerierter

Bestandteil des Verhaltens. Kann man es vom Gemeinwohl und der Vernunft her gutheißen? Religionen, die den Krieg in ihrem Programm haben – sind sie vernünftig und gut – passt das zu »Gott«? Darf es Gewalt im Namen Gottes geben? Sind die, die Gewalt predigen, wirklich religiös? Darauf hat der Papst in seiner berühmten Regensburg-Rede hingewiesen.

An dieser Stelle möchte ich auf das beklagenswerte Schicksal hinweisen, das Witwen in manchen traditionellen Kontexten Afrikas noch immer widerfährt; ich fasse nur einiges zusammen: Man macht sie so lange verantwortlich für den Tod ihres Mannes, bis ihre Unschuld bewiesen ist. Manchmal gehört es dazu, dass sie das Wasser trinken müssen, das man für die Totenwäsche benutzt. Sie haben keinen Anspruch auf das gemeinsam erworbene mobile und immobile Eigentum. Sie werden also enteignet. Manchmal sperrt man sie über Monate, ja Jahre ein. Eine Witwe darf nicht arbeiten, verkaufen, produzieren oder kommunizieren und lebt sozial in einem offenen Gefängnis. In manchen sehr primitiven Teilen Nigerias schneidet man ihnen die Achselhaare, die Schamhaare und das Kopfhaar ab. Bis in die jüngste Zeit hinein wurden Witwen auf subtile wie barbarische Art gefoltert. Früher jagte man sie öffentlich. Man trieb sie nackt über den Markt. Witwen sind in bestimmten Kontexten noch immer der sexuellen Ausbeutung durch Angehörige, Freunde, Kuppler usw. ausgesetzt. Witwen müssen häufig den nächsten Angehörigen des Verstorbenen heiraten. Und so weiter. Wenn ein Mann Witwer wird, kann er tun und lassen, was er will.

Ein Verhau aus Dornen

Es genügt ein einziger Blick auf die Art, wie Jesus Witwen in Schutz nahm und wie sich die Urkirche ihrer annahm, um zu verstehen, dass das Christentum keine Konkurrenz zu Kulturen und Religionen ist, sondern ihre Befreiung. Kulturen sind eben nicht nur ein kostbares, schützendes Milieu – sie können auch ein Verhau aus Dornen sein. Der Glaube an Christus hat Afrika von der Vielgötterei, der Zauberei, dem Hexenwesen, dem falschen Ahnenkult, der Dämonenangst und von vielen unvernünftigen und grausamen Praktiken befreit. Wir können den Wurzeln unserer Kultur vertrauen, weil der gute Gott selbst an diesen Wurzeln wohnt.

Glauben

Hakuna matata – Mach dir keine Sorgen!

Dieses Wort kennen viele Europäer aus dem Zeichentrickfilm »Der König der Löwen«. Dort gibt es einen berühmten Song »Hakuna matata«, den der große Elton John vertont hat. 1998 rangierte der Song auf Platz 99 der größten Filmsongs aller Zeiten. Nicht sehr viele, die den Film gesehen haben, wissen, dass es sich bei »Hakuna matata« um einen Spruch aus der afrikanischen Swahili-Sprache handelt; noch weniger Menschen wissen die wahre Bedeutung des Wortes. *Hakuna* heißt so viel wie »es gibt keine« und *matata* bedeutet »Probleme/Schwierigkeiten«. Schließlich wissen ganz wenige Europäer, dass dies nicht etwa ein Slogan aus dem Bereich des positiven Denkens ist (wie »Tschaka!« oder »Kopf hoch!«), sondern ein religiöser Zuruf, den jeder Afrikaner intuitiv begreift.

Jesus selbst hat so eine Art »Hakuna matata« im Programm geführt. Im Matthäusevangelium heißt es (in einer Stelle, die so schön ist, dass ich sie ausgiebig zitiere und euch bitte, sie einen Augenblick lang zu meditieren):

»Hört auf, euch Sorgen zu machen um eure Seele, um das, was ihr essen oder was ihr trinken werdet, oder um euren Leib und was ihr anziehen werdet. Bedeutet die Seele nicht mehr als die Speise und der Leib nicht mehr als die Kleidung? Beobachtet aufmerksam die Vögel des Himmels, denn sie säen nicht noch ernten sie noch sammeln sie etwas in Vorratshäuser ein; dennoch ernährt sie euer himmlischer Vater. Seid ihr nicht mehr wert als sie? Wer von euch kann dadurch, dass er sich sorgt, seiner Lebenslänge eine einzige Elle hinzufügen? Auch hinsichtlich der Kleidung, weshalb macht ihr euch Sorgen? Lernt eine Lektion von den Lilien des Feldes, wie sie wachsen; sie mühen sich nicht ab noch spinnen sie; doch sage ich euch, dass nicht einmal Salomo in all seiner Herrlichkeit wie eine von diesen bekleidet war. Wenn nun Gott die Pflanzen des Feldes, die heute stehen und morgen in den Ofen geworfen werden, so kleidet, wird er nicht viel mehr euch kleiden, ihr Kleingläubigen?« (Mt 6, 25 ff.)

Jesus ist ein Afrikaner

Wie kann man so sorglos sein, werdet ihr mich fragen? Jesus muss ein ziemlich blauäugiger Typ gewesen sein – denkt ihr so? Nicht sorgen! Nicht um das Essen! Nicht um die Kleider! Leben wie die Blumen (oder gar die Flower-Power-Blumenkinder)? Wo kämen wir da hin? Also – Leben in Deutschland ist ein hochkomplexes System des Sorgens. Das Rundum-sorglos-Paket bekommt man nicht geschenkt. Alles hat seinen Preis. Wer im Alter ohne Sorgen sein will, kann sich nicht einmal mehr auf den Staat verlassen, sondern muss sich selbst krumm- und jeden Monat einen Haufen Geld beiseitelegen. Die wahrhaft Sorglosen nach Jesu Art, die Penner, auch manche Hartz-IV-Empfänger, liegen der Allgemeinheit auf der Tasche. Okay, macht eine Eingabe an den Papst: »Lieber Papst Benedikt, da wir ja jetzt einen von uns im Vatikan haben, bitten wir um freundliche Berichtigung des Matthäusevangeliums. Die Sache ist schon lange überfällig. Matthäus, Kapitel 6, solltest du am besten komplett aus dem Evangelium herausstreichen. Es ermuntert zur Schlamperei, zur Pflichtvergessenheit, zur Ausbeutung unserer ohnehin anfälligen Sozialsysteme. In ernsthafter Sorge: Deine Landsleute.«

Erlaubt aber bitte, dass auch ich im Namen meiner afrikanischen Landsleute eine Eingabe mache: »Lieber Papst Benedikt, bitte lass doch die Stelle im Matthäusevangelium, wo es heißt, wir sollten uns keine Sorgen machen, unbedingt drin. Sie ist so afrikanisch wie sonst keine in der ganzen Heiligen Schrift. Wir versprechen dir auch, dass wir trotzdem beiläufig für Essen, Nahrung und unsere Seele sorgen. Aber wir müssen von Gott dringend wissen, dass wir uns *letztlich keine Sorgen* zu machen brauchen. Für Afrika, Dein Obi.«

Vielleicht stimmt es ja, wenn manche Religionswissenschaftler die afrikanische Sorglosigkeit als Grundelement des Glaubens der Afrikaner darauf zurückführen, dass es in vielen Regionen des Kontinents eine solche Fülle an natürlichen Gaben gab, dass den Bewohnern dieses glücklichen Landes die Trauben wirklich in den Mund wuchsen. Während man in kühleren und weniger fruchtbaren Hemisphären tatsächlich weitgespannte Vorsorge treffen, Vorräte halten und Speicher anlegen musste, um in kargen Zeiten überleben zu können, war dies in Afrika nicht überall der Fall. Die Erde wurde als Mutter erfahren, die zu jeder Zeit reichhaltig spendete und ihre Kinder ein wenig sorglos aufwachsen ließ.

Vielleicht ist es tatsächlich dieser natürliche Hintergrund, der die Afrikaner so tief eingelassen hat in ein mütterliches Urvertrauen, der ihnen eine natürliche Fröhlichkeit und Dankbarkeit gegenüber dem Schöpfer in die Wiege gelegt hat. Ein anderes Moment besteht darin, dass ein Kind in Afrika (heute noch immer) in der Regel im tief bergenden Schoß einer Großfamilie aufwächst, in der so ein Kleiner nach Strich und Faden gewiegt, gestreichelt, verwöhnt und gehätschelt wird. Ein Kind wird mit Lachen begrüßt und mit Lächeln gestillt; dem Kleinen schlägt ganz viel Zärtlichkeit entgegen, so dass er sich tatsächlich wie ein Königskind der Liebe Gottes vorkommen kann.

Ja, was du intuitiv gelernt hast vor deiner Geburt und in den ersten Jahren, das begleitet dich in den Tiefen deiner Seele bis in deine letzten Tage hinein, das beschützt dich und hilft dir, frei zu sein und der Liebe zu trauen.

In den Müttern, den Vätern, der Natur ...

Weil wir Afrikaner in der Regel so tief aus dem warmen Schoß unseres Volkes, unserer Familie hervorgekrochen sind, haben wir gelegentlich kleinere Probleme, Gott und das Göttliche von der Natur und den Ahnen genau zu unterscheiden. Wenn wir morgens aufstehen, sagen wir in unseren, dem warmen Ursprung zugewandten Gebeten: Himmlischer Vater, der alles geschaffen hat, himmlische Mutter, wir danken Dir! Ja, wir beten so, weil Gott da ist, wie ein Vater, wie eine Mutter, wie die vielen Väter und die großen Mütter unseres Volkes. Auch in der Natur, in den Bäumen ist der Geist Gottes anwesend. Die Europäer haben Gott aus der Natur verdrängt. Die Afrikaner haben Gott entdeckt in der Natur: in jedem Baum, in Blumen, in der Erde, in Insekten, im Sand, im Wasser, im Feuer.

Ich habe mich immer gefreut, dass auch bei euch in Deutschland dieses afrikanische Morgengebet bekannt ist:

Wir sind erwacht.
Der Schlaf ist noch in unseren Augen,
aber auf unseren Lippen soll sofort dein Lob sein.
Wir loben dich und preisen dich
und beten dich an.
Wir, das sind die Erde, das Wasser und der Himmel.
Das sind die Gräser, Sträucher und Bäume.
Das sind die Vögel und all das andere Getier.
Das sind die Menschen hier auf der Erde.
Alles, was du erschaffen hast,
freut sich an deiner Sonne
und an deiner Gnade und wärmt sich daran.
Darum sind wir so froh
in dieser Morgenstunde, o Herr.
Mach, dass die Stunden und Minuten
nicht in unseren Händen zerrinnen,
sondern in deiner Fülle münden.

Das ist wunderbar. Mitten aus der Schöpfung steigt das Lob zu Gott auf. Die Bäume und Gräser, die Seen, Berge und Flüsse sind schon Lob. Sie müssen nicht erst durch den Menschen zu einem Preislied auf Gott gemacht werden. Sie haben eine eigene Stimme.

Der kreatürliche Mensch, der sich im Takt der Gräser mitwiegt, der im Schatten der Bäume aufatmet und sich ausstreckt, der sich wie eine Baumkrone Gott entgegenreckt, er ist Teil der Schöpfung, ihres originären Preisgesanges. Er ist, noch bevor er denken kann, ein Wort in ihrer Geheimsprache, ein Ausdrucksmoment der Liebe, mit der die Dinge ihrem Schöpfer zuwinken. Er hat die Lektion der Lilien auf dem Feld schon gelernt. Später, wenn er zu Bewusstsein kommt, wird er die Geheimsprache der Schöpfung vielleicht verlernt haben.

Aber hat nicht Platon gesagt: Lernen sei bloß Erinnerung an etwas, was wir immer schon wussten?

Es ist genug für alle da

Das Ruhen im mütterlichen Schoß als Grunderfahrung des afrikanischen Glaubens hat sehr viel mit Teilen zu tun. Teil einer überbordend reichen Schöpfung sein heißt eben auch: gratis *mitgeteilt* bekommen. Man findet sich in einem Kontext vor, in dem man sich immerfort beschenkt vorkommt. Der Baum trägt Früchte. Aber sie sind in einer derartigen Fülle vorhanden, dass der Baum zu mir sagt: Nimm von meiner Fülle! Sie ist dazu da, dass ich sie mit dir teile. Davon werden alle satt. Welch ein Geist der Dankbarkeit an den Wurzeln der Wirklichkeit!

Das ist die afrikanische Perspektive auf die Welt von heute, die manchen verblüffen wird: Die Erde ist in der Lage, alle Menschen zu ernähren und zu versorgen und auch in die Erfüllung zu führen. Wir müssen nur teilen, anstatt das, was wir haben, zu verstecken. Hier – von den Wurzeln seines Glaubens her – hat Afrika dem Rest der

Welt viel zu zeigen. Seht: Da sind die Menschen in den Dörfern, arme Menschen, die nichts haben und trotzdem alles teilen, was sie haben. Sie wollen für andere gute Gastgeber sein. Ein einfacher Mensch bringt seinen letzten Yam, seine letzte Kartoffel, seine letzte Wurst – einfach nur, um sie mit einem Gast teilen zu können. Sie schenken alles.

Herausgefallen aus dem Nest?

Oft muss ich an Deutschland denken und wie schwer es manche unter euch haben zu glauben. Liegt es an eurer kargen Witterung und den Erfahrungen eurer Vorväter, dass ihr, was ihr habt, so gerne festhaltet und konserviert? Ist es das, was euer Leben schwer macht, dass ihr es so schlecht mitteilen könnt?

Ich will nicht pauschalieren, aber vielfach habe ich den Eindruck, ihr müsst euch Gewalt antun, um zu glauben. Ihr tut, als sei es ein schweres Werk, wozu man sich anstrengen muss, eine Pflicht mit vielen Implikationen. In der Bibliothek des Bonner Institutes, an dem ich studierte, fiel mir eines Tages ein Büchlein einer Ida Friederike Görres in die Hände, das den Titel »Von der Last Gottes« trug. Ich nahm es sofort mit und verschlang es – ich wollte nämlich das Rätsel lösen, warum ihr euren Glauben so schwer nehmt, warum euch Gebete nicht natürlich über die Lippen gehen.

Liegt es daran, dass viele von euch »aus dem Nest gefallen« sind? Oder eure Mütter, die Mütter eurer Mütter? Ein Afrikaner wie ich denkt nie für sich allein: Er begreift in sich die Lektionen vieler Generationen als lebendige Gegenwart. Habt ihr als Kinder zu wenig Liebe erfahren? Hat man euch zu wenig Vertrauen geschenkt? Habt ihr den Krieg nicht verkraftet? Aber auch meine Generation hat den Krieg erfahren. Wir sind durch die Hölle von Biafra gegangen. Trotzdem muss ich bekennen, dass ich keine Minute meines Lebens das Grundgefühl der Gegenwart Gottes verloren habe.

Ein schwerer Glaube?

Gilbert Keith Chesterton, der den Pater Brown schrieb, hat von den Engeln und vom Teufel gesprochen: »Engel«, sagt er, »sind leicht. Der Teufel stürzte, weil er so schwer war.« Liebe Freunde, darf ich euch raten: Nehmt den Glauben federleicht und höchst ernst zugleich. Denn so viel ist sicher: Gott hat ihn gemacht, um den Menschen zu entlasten, nicht um ihn zu belasten: *»His yoke is easy, His burden is light«*, jubelt es uns aus dem »Messias« entgegen, dieser wunderbaren Komposition eures großartigen Georg Friedrich Händel: »Mein Joch ist sanft und meine Last ist leicht« (Mt 11,30). Da kann Gott doch nicht kommen und uns das Leben schwer machen. Es muss doch so sein wie bei einem Lastenträger, der sich den ganzen Tag schwitzend und fluchend bemüht hat – und nun kommt ein guter Herr und nimmt ihm den Sack von den Schultern. *Auf, mein Freund, tanze!*

Aber ich habe doch … aber ich muss doch … wenn ich nicht bis dann und dann? Nein, das Geheimnis des Glaubens ist nicht, dass man Entlastung erfährt, wenn man zuvor ordentlich geschuftet hat. Nicht wenn – dann! Das Geheimnis besteht im Wörtchen »in«. Gott findet »in« der Not, in der Überlastung, in den Fragen statt. Nicht danach. Das meint die Menschwerdung Gottes. Er ist ja wirklich in den Erdendreck eingestiegen; er hat ihn nicht etwa nur tangential berührt. Das meint auch das Evangelium von der Sorglosigkeit.

Ein ziemlich cooler Freund sagte einmal zu mir: »Seine Sorge auf Gott abwerfen? Was das ist, habe ich erst gemerkt, als ich wirklich nicht mehr konnte. Da bin ich zum lieben Gott gegangen und habe ihm gesagt:

Gott im Himmel, pass auf:
Ich kann nicht mehr.
Ich gehe jetzt schlafen.
Du hast mich an diesen Platz gestellt.
Dann sieh du auch zu, wie es weitergeht.
Ich übernehme für heute Abend
keine Verantwortung mehr,
nicht für mein Leben
und nicht für meinen Job.

Nach ein paar Tagen wusste ich: Das war ein verdammt gutes Nachtgebet. Gott hat den Deal angenommen. Von diesem Tag an ging es merkwürdigerweise ziemlich gut mit all dem Mist, dem ich noch heute nicht gewachsen bin.«

Glauben, Lektion II

Vor kurzem war ich an einem Sonntag in einer Kirche in Enugu, und wir hatten genau 427 Kinder dort; sie sollten die Erstkommunion empfangen. Die Messe fand draußen statt, im Freien. So ist das immer vom Monat Mai an, trotz der Regenzeit. Der Himmel war dunkel, und so habe ich zu dem Priester und dem Bischof, die mit mir die Messe feierten, gesagt: He, Leute, es wird regnen. Was machen wir, wenn es regnet?

Der Bischof antwortete mir, ohne zu zögern: Es wird nicht regnen, Obi! – und lächelte mich vielsagend an. Ich lächelte nicht zurück. Der ganze Aufwand! Die Kleider der Kinder! Der Altarschmuck! Die Trommeln! Und wenn sich der Himmel aber nun doch öffnen würde (wenn ihr wüsstet, wie das ist, wenn sich in Afrika in der Regenzeit die Schleusen des Himmels auftun!)? Ob der Bischof wohl dumm ist, dachte ich. Der ganze Himmel sprach für Regen, und er sagt doch tatsächlich, es wird *nicht* regnen. Nun, der Bischof ist der Bischof. Man soll ja Respekt haben. Vielleicht hat er noch einen ganz anderen Draht nach oben. Jedenfalls verunsicherte mich die Stärke und die Überzeugung, mit der er sprach. Plötzlich kam ein starker Wind, und alle Regenwolken wurden vertrieben. Wir haben die Messe vom Anfang bis zum Ende ohne Regen gefeiert.

Okay, ich weiß – das kann ganz natürliche Ursachen gehabt haben. Ich habe das aber als Moment des Glaubens erlebt. Ich hatte wirklich gezweifelt. Die Symbolik, die Natur, die Wolken, der dunkle Himmel – alles sprach dafür, dass es regnet. Doch ein anderer (ich meine jetzt nicht den Bischof!) hat gesagt: Ich wünsche, dass es nicht regnet, und ich lasse nicht zu, dass es regnet. Der Bischof hat wahre Glaubensgröße gezeigt. Es hat tatsächlich nicht geregnet. Vielleicht war es ja der Heilige Geist, der den Regen weggepustet hat. Aber manchmal regnet es trotzdem. Das weiß ich auch.

Gott oder Maradona?

Etwas konfus – oder? So ist es aber in der Wirklichkeit. Wir wissen: Gott greift manchmal ein. Nicht immer wissen wir, ob es die Hand Gottes ist. Oder war es doch nur Maradona? Wir leben in einer Welt aus Schatten und Rätseln. Gottes Wege sind unbegreiflich. Man kann sich schnell blamieren, wenn man ruft: Hier ... dort! Wir sollen

Gott nicht zu genau auf die Spur kommen wollen. Aber noch blamabler ist es zu sagen: Im Prinzip kennen wir alle Gänge! Alles geht seinen natürlichen Gang! Wunder sind Quatsch! He – woher wissen wir das? Wir wissen sogar das Gegenteil. So viele unbezweifelbare Wunder sind auf dieser Erde geschehen. Nur Ignoranten schauen nicht hin. Man muss also eben in dieser schwebenden Balance sein, ein lebendiger Mensch voller Gespür, dass Gott sich zeigt und hier und dort gezeigt haben könnte.

Eines Tages werden uns die Augen aufgehen. Wir sehen dann, was von Maradona und was von ihm war – auch in unserem Leben. Für jetzt kommt es darauf an: Wir sollen uns nur in völligem Vertrauen hingeben, dass Gott es gut mit uns meint. Der Bischof, der mit dem Humor Gottes rechnete (»Sei so freundlich und puste sie weg!«), war weise und hat mir eine Lektion erteilt. Obi, du musst noch viel lernen!

Hat er mich vergessen?

Nun gibt es natürlich schwerere Fragen als die nach dem Regen und seinen Wolken. Wenn Leid und Trauer über Menschen kommen, spätestens dann fragen sie nach dem Warum. Wie kann Gott das zulassen? Gibt es ihn überhaupt? Warum hört er mich nicht? Hat er mich vergessen? Ist er vielleicht eingeschlafen? Warum gerade ich?

Wie soll ich jetzt Gottvertrauen haben? Wie kann man da noch glauben?

Ja, das verlangt dann sehr viel Stärke. Ich habe immer wieder die Erfahrung gemacht, dass man gerade dann, nämlich gerade in schwierigen Situationen, lernen kann und soll, sein Leben buchstäblich an Jesus abzugeben. Man kann seine Lasten und Pakete ihm vor die Füße legen. Und zwar so, wie man ein Paket in Köln auf der Hauptpost abgibt, per Einschreiben. Wenn es dir der Postbeamte abgenommen und auf das Förderband geworfen hat, ist es wirklich weg! Es hat dann keinen Sinn, am nächsten Tag noch einmal an den Schalter zu kommen und sein Paket sehen zu wollen: »He, ich möchte es noch einmal aufschnüren! Das und das fehlt!« – »Guter Mann«, wird der Postbeamte sagen, »können sie nicht lesen? Hier steht: Sie haben das Paket ordentlich aufgegeben. Dann kommt es auch ordentlich an – und sie können es jetzt nicht wieder zurückverlangen!«

Also das ist klar: Wenn man Gott eine bestimmte Sorge zu Füßen gelegt hat, dann darf man auch annehmen, dass er die wirklich angenommen hat. Petrus, als er über das Wasser gehen sollte, war so einer, der das Prinzip der Post nicht verstanden hatte und sein Päckchen zurückhaben wollte. »Du Kleingläubiger«, rief Jesus ihm zu.

Aber lasst mich von meinem Freund erzählen! Er berichtete mir, dass er in einer sehr enttäuschenden Situation seines Lebens plötzlich starken Brechreiz empfand und schließlich in die Kirche ging, um sich vor dem Tabernakel, also vor Christus in der Kirche regelrecht auszukotzen. In Afrika hätte mich das nicht erstaunt. Aber unglaublich: So etwas gibt es mitten in Deutschland! Stark! Was für ein Glaube! Mein Freund schleuderte dem Herrn des Himmels und der Erde seine Enttäuschung mit Wucht ins Gesicht, er sagte alles, was ihm in diesen Momenten der Wut und der Ohnmacht einfiel, und machte sich klar, dass er all das wie einen großen Haufen voller Probleme und auch Sehnsüchte vor dem Allerheiligsten liegen ließ. Nimm es, Herr, mache du damit, was du willst – hat er gesagt. Nicht laut, sondern in Gedanken. Dort aber sehr laut.

Nach einer Weile der Stille, in der er fühlte, dass der Herr ihn verständnisvoll anlächelte, ist er wieder gegangen – und fühlte sich ziemlich erleichtert. Ich habe meinem Freund gesagt, dass er auf sehr intensive Weise gebetet hat. Er hat Gott vertraut und ihm alles anvertraut. Wer das tut, hat einen starken Glauben. Zum Glauben gehört der ganze Mensch. Gott ist taub für Standardformeln. Er versteht nur das Ehrliche. Er kann sich nur Wahrheiten anhören. Für anderes hat er keine Frequenzen. Zum Glauben gehört auch die Wut. Zum Glauben gehören Emotionen, Verstand, Zweifel, Vertrauen, Fragen, Suchen,

Lieben, Bitten, Danken. Auch mit seinem Sex kann man vor Gott gehen. Er ist ja ein Suchen nach Liebe und Vereinigung, manchmal ein wild schweifendes, Umwege machendes Suchen. Selbst das hart in den Himmel geschriene »Warum?« ist eine Form des Gebetes. Sonst hätte sich der Geist Gottes wohl nicht den Luxus erlaubt, die Fluchpsalmen zu Gottes Wort werden zu lassen, oder?

Nimm Gott nicht seinen Job weg!

Wir Menschen müssen doch nicht die Welt retten. Wir sind weder Schwarzenegger noch Jesus. Wir sind nicht der Absender der Botschaft; wir sind auch nicht wichtiger als die Botschaft. Wir sind nur ihre Überbringer am Beginn des 21. Jahrhunderts. Auf einem ziemlich desolaten Planeten sind wir ein Lichtpunkt in der Schöpfung, an dem – wenn wir wach sind – Gottes Liebe ein wenig aufleuchten kann. Wir haben die Welt nicht erfunden – und wir werden sie nicht zur Vollendung führen.

Wir kommen aus der Erde und wir gehen in die Erde – und haben nichts. Wir kommen nackt und kehren genauso nackt wieder zurück. Allerdings gilt auch: Wir kommen aus Liebe und gehen zur Liebe hin. Und in der Zwischenzeit ringen wir mit all den Leihgaben, die wir hier bekommen haben, und meinen, es gehe darum: *Tu oder stirb!* Das ist ein Missverständnis. Wir hängen zu sehr an etwas, was gar nicht in der Lage ist, uns zu halten. Manchmal hängen wir uns auch daran auf. Wo ist da noch diese rheinische Leichtigkeit, die dem afrikanischen Humor ähnlich ist und die Einstellung zu allem anzeigt: »Nothing must be, everything can be.« Leben und leben lassen. Alles hat seine Zeit. Alles hat einen Sinn. Gutes tun und die Spatzen pfeifen lassen.

Ja, die Rheinländer haben ein Näschen für den lieben Gott – solange sie ihn nicht *ne jote Mann* sein lassen. Leichtigkeit und Leichtigkeit sind eben zwei Paar Schuhe.

Et kütt, wie et kütt – und andere Kölner Katechismusweisheiten

Ich denke, dass es wichtig ist, dass der Mensch sich nicht zu ernst nimmt, dass er sich nicht zum Herrn der Geschichte macht, dass er dem Schöpfer seinen Platz gewährt, dass er sich unterordnet. Dadurch wird er groß, wenn er sich traut, den Großen groß sein zu lassen. Gott ist »in charge«, Gott ist zuständig. Wir spielen in Gottes Mannschaft, wie beim Fußball. Aber der »Knipser« – das ist ER.

Dass wir die Tore nicht schießen müssen, ist das Geheimnis der christlichen Gelassenheit, die ich im Rheinland immer so schön ausgedrückt fand: *Et kütt, wie et kütt* – sagt man dort: Es kommt, wie es kommt. Das ist kein versteckter Buddhismus, als würden die Kölner sagen: Dass es regnet, *dat ist Karma!* Solchen Unsinn habe ich bei meinen jecken Freunden nicht gehört. *Et kütt, wie et kütt* ist christliche Frömmigkeit, dessen bin ich mir sicher. Es ist Vertrauen in die Führung Gottes. Der Spruch sagt: Zuletzt, Mensch, bestimmst du nicht, wohin es geht. Ein anderer kommt und führt dich, manchmal »wohin du nicht willst« (Joh 21,18). Und wenn ein guter kölscher Christ dann noch sagt: *Wat fott ist, ist fott* – dann ist das weder Sarkasmus noch Zynismus noch Unglauben an die Fügungen Gottes. Das ist Realismus, Wirklichkeitssinn. Gott ist es, der gibt und der nimmt – alles andere ist Selbstbetrug. Das hat schon Ijob so gesehen.

Meine Philosophie, nach der ich lebe beziehungsweise täglich zu leben versuche und die ich Ihnen gerne schenken möchte, ist ganz einfach – und sehr wirksam:

Mit den Augen des Glaubens ist alles ein Geschenk.
Jedes Geschenk ist ein Ruf.
Jeder Ruf ist eine Möglichkeit.
Jede Möglichkeit ist eine Herausforderung.
Jede Herausforderung ist ein Kreuz.
Und das Kreuz ist unser Sieg.

Gottvertrauen

Einer schwanzlosen Kuh
treibt Gott selbst die Fliegen weg

Ich weiß, Gottvertrauen zu gewinnen, fällt manch einem schwerer als Chinesisch lernen. Ich kann nichts dafür: Ich kenne es seit meinen Kindertagen. Mir war Vertrauen auf Gott so normal wie auf Muttermilch. Aber vielleicht erzähle ich einfach, warum ich Priester geworden bin. Das macht deutlich, was Gottvertrauen für mich bedeutet.

Warum braucht er einen wie Obi?

Priester wird man aus Berufung. Irgendwann weiß man, spürt man im Inneren, dass man berufen ist, von Gott gerufen wird. Ich habe das schon früh gespürt. Als Kind. Vielleicht habe ich es mir eingebildet, könnte man sagen. Aber nach einem Vierteljahrhundert Priestersein weiß ich längst, dass es keine Einbildung war. Klar, man geht einen Schritt in eine Welt, von der man eigentlich gar nichts weiß. Die letzte Antwort wird hier auf Erden nie gegeben. Aber, ich bin sicher: Gott ruft den Menschen. Warum er das tut, trotz unserer Unwürdigkeit, weiß ich nicht, sodass eine Antwort auf die Frage: Warum bist du Priester geworden?, nur eine Frage sein kann: Warum hat Gott mich gewählt?

Es liegt in der Familie

Nun komme ich aus einer Priesterfamilie. Priesterfamilie? Wie das denn? Es gibt doch den Zölibat in der katholischen Kirche. Stimmt. Aber meine Vorfahren waren alle Priester. Der Großvater, der Urgroßvater. In Europa würde man von einer Naturreligion sprechen. Es gibt einen Unterschied zwischen den Priestern bei uns in Afrika, den Naturpriestern und dem Priester, der ich wurde, um Jesus darzustellen.

Meine Priestervorfahren ähnelten in gewisser Hinsicht den Priestern im alten Israel. Da brachten die Priester Opfer dar für das Volk. Diese Art hat Jesus abgeschafft. Er ist der einzige Priester und er bringt sich selbst Gott dar. Kein Mensch muss jetzt vor Gott treten, um ihn mit irgendwelchen Gaben gnädig zu stimmen. Bei meinen Vorfahren wurde zum Beispiel wegen jeder Kleinigkeit ein Huhn als Opfer dargebracht oder eine Ziege. Sie lebten nicht in dem endgültigen Vertrauen, es könnte jetzt genug sein, was man Gott geopfert hat. Bei ihnen war immer noch diese Angst vorhanden. Nicht genug! Nicht genug! Nicht genug! Stell dich gut mit Gott – lass ihm etwas rüberwachsen! Eine Hand wäscht die andere. Das war ihr Glaube.

Jetzt zählt nur noch Vertrauen

An der Schwelle meiner eigenen Familie habe ich erlebt, was der Übergang von Religion ins Christentum ist. Dort war es ein Geschäft auf Gegenseitigkeit. Und jetzt ist es ein Werben um Vertrauen. Es ist äußerst simpel: Wir sollen Jesus anschauen.

Er fragt mich: Vertraust du mir?
Ich sage: Jesus, ich vertraue dir.
Er fragt: Vertraust du mir in jeder Lebenssituation?
Ich sage: Ich lerne, es zu tun.
Er fragt: Vertraust du mir im Sterben?
Ich denke nach und sage:
Wem soll ich sonst vertrauen?

Vertrauen ist jetzt die einzige Währung, die noch zählt. Das ganze Christentum ist eine einzige Einladung ins Vertrauen. In endloses, absolutes Vertrauen. Ins Vertrauen, wenn du glücklich bist. Ins Vertrauen, wenn dir deine Erfolge aus den Händen geschlagen werden. Ins Vertrauen, wenn du auf der Karriereleiter nach oben steigst, ins Vertrauen, wenn du durch die Hungerlager von Biafra gehen musst. Ins Vertrauen, dass er der Weg, die Wahrheit und das Leben ist: er, Jesus, dem ich mein Leben geweiht habe – ich, Obiora Ike, Priester, ein kleiner Zwischenhändler in Sachen Vertrauen.

Muss man Angst haben vor einem Gott, dessen Name Vertrauen ist? Nein, ganz bestimmt nicht. Aber Ehrfurcht, ja! Unbedingt – dieses Erbe meiner Ahnen möchte ich mir erhalten. Man kann um den unendlichen Unterschied zwischen Gott und Mensch wissen (er drückt sich für mich in einer Kniebeuge aus) und trotzdem das Vertrauen eines Kindes haben, das einen Meter hochschaut, in die Augen seines lächelnden Vaters.

Ja, Jesus hat uns gelehrt, »Abba« (= lieber Vater) zum Herrn des Himmels und der Erde zu sagen. Und er hat uns das Gleichnis vom verlorenen Sohn geschenkt. Gott umarmt uns wie ein barmherziger Vater. Seine Hände sind ausgestreckt. Da kann man nicht mit Angst kommen, aber mit Ehrfurcht. Weil er der Mächtige ist, der ganz andere, der große Gott, kann er mir, kann er uns auch helfen.

Wenn ihr mich fragt, meine lieben deutschen Freunde, was die Zukunft des Glaubens in eurem Land sein wird, ja vielleicht die Zukunft eures ganzen Landes, so möchte ich euch sagen:

Euch wird
genommen,
was nicht
Vertrauen ist.
Ihr bekommt,
soviel ihr
verschenkt.

Die großen Gebäude, die mächtigen Werke, das hohe Ansehen – alles kann zermahlen werden, bis nur noch das eine Gran Liebe, das Körnchen blindes Vertrauen da ist, aus dem wieder ein mächtiger Baum wird. Ist das ein düsteres Urteil? Keineswegs: Auf der Erde ist Leben in einem permanenten Prozess des Werdens und Vergehens. Wo heute Blüte ist, kann morgen Ernte sein, und übermorgen stehen die Halme leer im Wind, während sich in der Erde schon wieder neues Leben vorbereitet.

Die Kirche Gottes ist über die ganze Erde verstreut. Sie ist transnational. Sie hat viele Gesichter. Junge, naive. Alte, weise. Aber auch alte und verbrauchte. Doch ist es die eine Kirche, der eine Glaube. Es spielt keine Rolle, wo Gott sich verhüllt und wo er glanzvoll aufspielt. Ich komme aus einer Kirche, in der es so viele Priester gibt, dass wir fast nicht wissen, wohin mit dem Segen. So viele junge Frauen gehen in Ordensgemeinschaften und geben ihr Leben für die Armen, für Gott, für ein neues Afrika.

Nein, es soll nicht arrogant klingen. Vor Jahrhunderten wart ihr diejenigen, die Afrika fragten: Wollt ihr Priester? Ihr könnt sie haben. Ihr habt uns das Licht des Glaubens gebracht, in dem wir unsere afrikanische Seele wiedererkannten. Es ist unsere einzige Hoffnung in den Umbrüchen dieser Zeit. Der Glaube hat das Beste aus der alten Zeit bewahrt und er macht uns stark, den weiteren Ausverkauf Afrikas zu verhindern. Nun ist es an uns, euch einen neuen Advent anzubieten. Advent, das heißt Ankunft. Wenn ihr wollt, schicken wir euch Missionare!

Im Jahre 2006 hat die Kirche in Nigeria rund 800 Priesterweihen gehabt. Und das in einer Zeit, in der das gesamte Europa nur 200 Priester hat weihen können. Das gesamt Europa! Das bedeutet, dass die Kirche in Nigeria eine riesige Menge an Missionaren anbieten kann, die auch gerne ins so genannte Ausland gehen würden. Also in die etwas weiter entfernte Familie, zu den weiter weg lebenden Familienmitgliedern in Europa zum Beispiel. Wir fühlen uns überall daheim, weil überall unsere Mutter lebt, die Kirche. Ihr müsst uns nur rufen. Wir kommen!

In der Familie der Kirche kann und darf es keine Ausländer geben. In der Kirche darf und kann man nie Ausländer sein. Die Kirche ist wirklich global. Alle haben weltweit in ihr dieselben Rechte. Es gibt keine Unterschiede. Keine Ausländer. Keine Christen erster oder zweiter Klasse. So gesehen sind wir überall dieselbe Kirche. Unsere Identität ist überall dieselbe. Unsere Familie ist weltweit. Wir haben überall dasselbe Design. Und wenn ein Priester den Gottesdienst feiert, ist die ganze Weltkirche anwesend. Mit dem einen Papst, mit seinen und unseren Bischöfen. Haben wir keine Priester, so haben wir keine Eucharistie; haben wir keine Eucharistie, so haben wir keine Kirche. So ist das nun mal in einer Familie: Mal helfen die einen den anderen etwas mehr, dann wiederum helfen die anderen den einen. Ich wünsche mir, dass diese Angebote von Afrika angenommen werden. Die Kirche lebt, und sie ist jung, sagt Papst Benedikt XVI.

Die Kirche, heißt es, sei ein *global player* – und das schon seit der Zeit Jesu Christi. In Jerusalem waren auch schon Griechen, Römer und Juden, und das Ganze hat sich dann ausgeweitet. Petrus war in Rom und auf den Inseln Asiens. Stellen wir es doch unter Beweis! Kirche in Deutschland: Wende dein Gesicht der Sonne zu, dann fallen die Schatten hinter dich!

Wir sind bereit zum Teilen.

GEBET
beim Brechen der Kolanuss

In Europa und Amerika »fragt man nach Gott«. Für uns Afrikaner jedoch ist das gar kein Thema, zumindest aber ein gestelzte Floskel. Jeder Baum sagt uns: Gott ist hier! Jeder Fluss, jeder Berg, die kleinen Tiere, die Vögel des Himmels, alles zeigt uns die Gegenwart, die Pracht und die Schönheit Gottes. Natürlich klingt dabei nach, dass Afrika einmal ein Paradies war und wir in einer wundervollen, reichen intakten Welt lebten. Mittlerweile sind Stürme der Verwüstung über uns hinweggegangen, die auch Spuren im Glauben vieler hinterlassen haben.

Trotzdem, ich spüre noch die urtümliche Glaubenskraft meines Landes und meiner Ahnen in mir, selbst wenn ich durch die Welt reise, durch Industriebrachen fahre, mich in einem Taxi durch die Straßenschluchten New Yorks bewege oder in der unnatürlich grellen Umgebung eines Fernsehstudios sitze.

Immer häufiger habe ich Kontakt mit vergeistigten, verkopften und technologischen Menschen, denen die Grundsprache der Schöpfung abhanden gekommnen oder zu einer toten Fremdsprache geworden ist. Am liebsten würde ich ihnen die göttlichen Dinge simultan übersetzen, sie ihnen geben, wie die Amme dem Kind ihre fremde Milch gibt. Es geht einmal, es geht zweimal. Manchmal berührt es sie, aber sie denken: Er ist ein Exot. Er erzählt uns etwas vom Mond.

Auf die Dauer wird es nicht anders gehen: Um die Sehnsucht ihres Herzens zu stillen, werden sie die andere, die uralte, vielleicht vergessene Sprache lernen müssen, die Sprache der Schöpfung, die Sprache der Natur. Wollen sie die tröstlichen Zuflüsterungen Gottes empfangen, so werden sie zuvor dem silbrigen Rauschen von Bächen lauschen. Sie werden die Nähe Gottes über den Duft von Gras, den Geist über das leise Fächeln des Windes und den Frieden über das Brummen eines Insekts erfahren, um zu verstehen: »Der Herr war nicht im Sturm ... der Herr war nicht im Erdbeben« (1 Kön 19). Er zeigte sich in einem sanften Säuseln. Erst wenn ich mit der Natur reden kann, kann ich auch mit Gott reden.

Ein traditionelles Gebet will ich euch schenken – nehmt es als eine Art Gastgeschenk von mir. Es ist ein Gebet, das wir bei ganz besonderen Anlässen sprechen, nämlich dann, wenn wir die größtmögliche Gastfreundschaft zum Ausdruck bringen möchten. Das ist, wenn wir die Kolanuss gemeinsam brechen. Sie ist das Symbol für Gastfreundschaft; sie steht für Vertrauen, für Teilen, für Solidarität und für Gemeinschaft.

Meditiert es! Lasst es euch auf der Zunge zergehen, lasst es in euren Herzen aufgehen! Denkt an Afrika! Träumt ein bisschen unter dem Baobab! Hört zu! Lasst euch beschenken! Tanzt mit! Wendet euer Gesicht der Sonne zu, dann fallen die Schatten hinter euch!

Gott und Schöpfer,
der du hoch oben wohnst
und dessen Augen die ganze Erdoberfläche sehen,
der du unter der Erde lebst,
und nicht von der Erde beschmutzt wirst,
der du in den Gewässern lebst
und trocken bleibst,
der du mit den Winden dich bewegst,
während kein Auge den Wind sieht.
Und überall ist die Luft.
Wir kommen mit Grüßen und mit Bitten!

Gott, du bist es,
der Zusammenkünfte macht,
der mit den Menschen zusammenkommt,
sich mit ihnen verabredet,
wo und wann es ihm gefällt.
Und sie können nicht entkommen!

Gott, du bist es,
der erschafft und zerstört,
der die Menschen schlägt und sie tröstet,
sie zermalmt und ihre Stärke bleibt;
der bringt und der wegnimmt
und der erschafft, bevor das Geschöpf es weiß.
Im Morgenlicht öffnen wir unsere Türen und Münder.
Bei Nacht schließen wir unsere Türen.
Aber nicht unseren Verstand!

Es ist die Kola, die wir bringen!
Sie ist alles, was wir anzubieten haben!
Ein kleines Baby kann seine Mutter nur dort halten,
wo seine Hände hinkommen.

Die Kola ist klein, und sie ist doch groß.
Wie beim Opfermahl ist es wichtiger,
dass es für alle reicht,
als dass es den Magen füllt.
Die Väter unserer Väter
und deren Väter vor ihnen,
all unsere Ahnen sahen
die ganzen Früchte der Erde,
doch sie wählten die Kola aus
als die erste Speise
der Gastfreundschaft und der Opfer!

Was ein alter Mann im Liegen sieht,
hat das ein junger Mann je besser gesehen,
selbst wenn er auf dem höchsten Baum sitzt?
Von aller Nahrung der Erde nur die Kola.
Sie wird nicht gekocht vom Wasser und Feuer,
sondern durch das gesprochene Wort!
Die Reichen können sie sich leisten,
und die Armen können sie sich leisten.
Und die Kola ist das größte Opfer,
das Männer dir bringen können, großer Gott.

Der schlucken kann,
was einen Elefanten verschluckt,
mit einem Flusspferd im Maul
und Palmyra als Kauholz,
der frei heraus pfeift,
und kleiner ist als Spucke!

Es ist nicht so, dass Kola
die süßeste Speise der Welt ist
oder dass sie den Magen am schnellsten füllt.
Doch nur mit Kola beten wir für unser Leben.
Und wer Kola bringt, bringt Leben,
und bringt Gesundheit, und bringt Frieden,
und Kinder und womit wir sie ernähren!

Denn du bist es, Gott, der die Kola bringt
und die Art, sie zu brechen, weihst.
Diese Kola ist wie eine Erhebung
inmitten der Versammlung,
in der wir stehen und Reden darbringen
von Menschen und von Geistern
und von dir, großer Gott,
dem Macher von Zusammenkünften.
Und die Worte finden die Ohren,
für die sie gemacht wurden!
Darum, Väter der Väter unserer Väter,
hört meine Stimme!

Wir sind wie unschuldige kleine Kinder,
die nur ihre Bäuchlein gewaschen haben.
Doch deine Augen sehen uns.
Und du kannst darüber urteilen,
ob ich je die Frau eines Verwandten berührt,
ob ich je die Blöße einer Schwester sah,
ob ich je stahl, was einem anderen gehörte,
eine Witwe bedrängt, eine Waise betrogen,
falsches Zeugnis abgelegt
oder eine Verleumdung ausgesprochen habe.
Sollte ich je einen anderen Menschen
mit Messer oder Speer getötet haben,
möge unser Land und unsere Mutter Erde
mich verschlucken.

Doch bin ich keines dieser Vergehen schuldig
doch tut mein Mitmensch mir etwas an,
aus Wut des Herzens oder Wut des Auges,
dann lass den, der kommt,
mich zu töten,
sich selbst umbringen!
Wer sagt, er müsse mich und mein Haus
mit bösen Augen sehen,
lasse dessen Augen verderben mitten im Blick!
Jeden Menschen, der sagt,
ein unschuldiges Haus möge nicht schlafen,
den lasse auf der Hühnerstange schlafen gehen!

Ich bete für das Wohl der Menschen im Busch
und das Wohl derer, die zu Hause sind,
und das Wohl derer, die in den Tälern sind,
für das Wohl derer, die bei der Arbeit sind,
und das Wohl derer, die gerade spielen.
Doch wenn ein Mann,
zu dem ich stehe, nicht zu mir hält,
lasse ihn durch das umkommen,
was Verräter umbringt.
Wenn ein Geist,
für den ich mich verbürgen kann,
sich nicht für mich verwendet,
lasse ihn durch das umkommen,
was Geister tötet.

Sollte jemand Gift in dieses Haus bringen,
führe seine vergiftete Hand in seinen Mund.
Erlaube keinem Gast,
seinem Gastgeber Böses zu bringen.
Und wenn der Gast geht,
lasse auf seinem Rücken keinen Buckel wachsen.
Lasse nicht zu, dass eine Ratte
am Beutel des Medizinmannes nagt,
und verhindere, dass der Medizinmann
die Ratte mit einem Fluch belegt.
Man sagt, ein Unschuldiger, der sich
keine großen und keine kleinen Sünden
hat zuschulden kommen lassen,

kann die Gewässer überqueren auf einem Stück Kalebasse.
Und dass es ihre gute Zunge ist,
mit der die Schnecke sich über Dornen bewegt.

Darum will ich meine Hände rein halten.
Wenn ich für meine Vergehen
leiden muss, ist es gerecht:
Wenn es wegen der Schuld meiner Kinder ist,
nehme ich es auf mich.
Der Mund spricht die Worte,
die dem Kiefer einen Schlag einbringen.
Der Kopf eines Mannes schüttelt das Ameisennest,
sein Rumpf muss darunter leiden.
Möge es der Jugend gut ergehen.
Nachwuchs ist jedermanns Gebet.
Lasse den, den es danach gelüstet, der Kopf sein,
den Schwanz aber kein Ende haben.
Möge es den Alten gut gehen:
Der Geier betet, dass der Tod nicht die Alten holt,
so dass sie den Jungen weiterhin erzählen können,
dass der Geier verbotenes Fleisch isst.

Gut ist das, was wir wollen.
Doch ich bat dich nicht, mir das allein zu schenken.
Alles allein aufzuessen, heißt schlecht essen!
Wenn der rote Milan auf der Stange sitzt,
lasse den Adler sitzen.
Welcher von beiden

dem anderen das Recht streitig macht,
dort zu sitzen, dessen Flügel lasse brechen.

Gott, mögen wir nie Hilfe benötigen
und keinen Helfer finden.
Ein Mann mit Freunden ist größer
als ein Mann mit Wohlstand.
Schenke unseren Frauen Fruchtbarkeit.
Ein Hieb, ein Fall.
Schenke uns Kinder und schenke uns
die Mittel sie zu füttern.
Lasse jeden von uns oder unsern Kindern,
der zur Arbeit geht, zurückkehren,
mit genug Geld und unversehrt.

Lasse jedes Unkraut, das uns begegnet,
wenn wir aufbrechen,
uns auf dem Heimweg berühren.
Es ist kein böses Unkraut.
Wenn wir hinten sind, lasse das Böse vorne,
wenn wir vorne sind, lasse das Böse hinten sein.
Lasse keine Krankheit kommen
und keinen Arzt seine Kunst ausüben.
Lasse keinen krank sein
und niemanden heilen.

Doch ich habe nicht gesprochen,
und es ist endgültig.

Du hast das Yam,
und du hast das Messer.
Wem auch immer du gibst
und in welchem Maße,
er wird essen!

Wir brechen die Kolanuss.

Danke!

Eigentlich ist meine deutsche Familie sehr groß. Nicht nur Martin-Chinedu mit Heike und Prisca gehören dazu. Alfons Herweg, dem Direktor des Deutschordens-Wohnstifts in Köln, habe ich viel zu verdanken. Wenn ich komme, ist er immer da. Ich habe ein Zimmer dort, ich gehöre zum Inventar. Auch Lieselotte Loeck, der gute Geist im Sekretariat, weiß das. Ich müsste so viele erwähnen: Charlie Gessmann, den immer hilfsbereiten Chef des St. Josef-Krankenhauses in Troisdorf, wo schon viele meiner Mitbrüder Hilfe bekamen. Ich übrigens auch, wenn ich wieder einmal im kalten Deutschland ankam und mir einen kräftigen Schnupfen einfing. Ganz zu schweigen vom Heuschnupfen, den ich nur in Deutschland bekomme. In Afrika habe ich so etwas nicht. In meiner deutschen Heimat schniefe ich aber regelmäßig wie ein Weltmeister!

Johannes Hofmann, der emeritierte Professor in Frankfurt, ist ein ganz treuer Freund und wissenschaftlicher Helfer. Er ist längst Igbo geworden. Sie kennen Afrika, sind deutsche Afrikaner! Johannes weiß alles, also fast alles über meine erste Heimat. Er versteht die Menschen, die Menschen verstehen ihn. Johannes Stemmler ist ebenfalls eine segensreiche – wie man in Deutschland sagt – Bank für mich. Mit ihm, der lange Geschäftsführer des Bundes Katholischer Unternehmer (BKU) war und seit vielen Jahren segensreich wirkt als ehrenamtlicher Geschäftsführer der Wissenschaftlichen Vereinigung zur Förderung der Christlichen Gesellschaftslehre e. V. Ordo Socialis, habe ich stets gerne zusammengearbeitet bei der Verbreitung der christlichen Soziallehre. Die kennt man nämlich jetzt in Afrika gut. Besser, als manche sie in Deutschland kennen.

Paul Groten aus Ahaus gehört zu den Guten, Diakon Winfried Müller aus Brühl aber auch. Martin Wilde vom BKU und sein Kollege Peter Unterberg ebenso wie Cornelius Fetsch oder Friedl und Anne Herweg aus Odenthal. Günter und Anneliese Hagedorn von der Gemeinschaft Katholischer Soldaten in Köln bin ich dankbar wie natürlich auch meiner afrikanischen »Schwester« Ndidi Nnoli Edozien, die zwischen Frankfurt, wo sie bei Hofmann promoviert, und Lagos pendelt. Eine besondere europäische Heimatstätte habe ich bei meinem leiblichen Bruder Chinedu Ike im schönen Salzburg. Und nicht vergessen darf ich Hans Thomas aus Köln, dessen Kontaktnetz und Hilfskünste afrikanische Züge tragen. Eine sehr gute deutsche Freundin ist auch Petra Hagedorn; sie hat in Nigeria mehrere Jahre als Krankenschwester gearbeitet und im Dienst an AIDS-Kranken und hilfsbedürftigen Menschen gestanden. Für viele war Petra das Gesichts Deutschland in Afrika. Danke, Petra! Ich stoppe jetzt, weil ich sonst das ganze Buch nur mit Namen füllen müsste. Man kann mir glauben: Ich habe in beinahe jedem Ort ein Stück Heimat – bei Menschen, deren Herz geöffnet ist und die mich, den Afrikaner, in kalten Zeiten durch ihre Herzenswärme vergessen lassen, dass es hier auch Winter gibt. Ihre Namen trage ich alle in meiner Seele. Dazu gehört jetzt, mit diesem Buch, auch mein Verleger Bernhard Meuser. Auch er ist unglaublich! Und ihnen allen widme ich dieses Buch. Sie alle haben schon extreme Geduldsübungen wegen mir ertragen müssen. Sie alle haben ein Stück Afrika in ihrer Seele.